読むだけで
「儲かるアイデア」
を思いつく

小さな
ビジネス
モデル
100

酒井威津善
Sakai Itsuyoshi

はじめに

誰でもできる「儲かるビジネス」を
生み出す方法

はじめまして。
ビジネスモデルアナリストの酒井威津善と申します。

私はこれまでに、企業のCFO（最高財務責任者）として15年、
システムエンジニアとして10年以上、
数千社にわたるベンチャー、中小から大企業までの
ビジネスの在り方を研究してきました。

お陰様で、その分析を元にした拙著はベストセラーとなり、
その後も、多くの企業でビジネスアドバイスをさせて頂いています。

その中で感じることがあります。
「ビジネスモデル」というと、高尚なもので、
一部の頭のいい人だけが使いこなすことを許された思考法
というイメージを持っている人が結構多いことです。
あなたはどうでしょうか？

ですが、実際はそんなことはありません。
もちろん、ビジネスでは深い思考力が問われる場面もありますが、
ビジネスモデルを生み出すという1点に絞れば、
必ずしもそうではないのです。

なぜ私がそう断言できるのか。
その答えは、次の質問の中にあります。

１０００円カットは
どうやって、
生まれたのか？

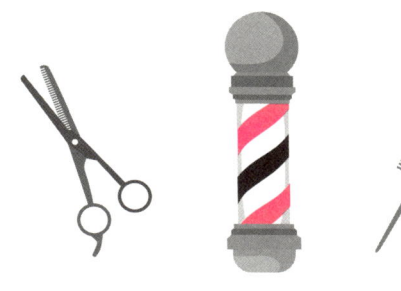

今や、駅ナカやショッピングモールの中、
スーパーの片隅など、どこでも見かけるようになった1000円カット。
元祖が「QB HOUSE」ですが、
そのビジネスモデルはどうやって生み出されたのか。

簡単にいうと、次のような話です。

創業者・小西國義氏には、
大事な商談前には高級床屋に行くという習慣がありました。
ある日、「今日は急いでいるので30分でなんとか頼む」
とお願いしたところ、
いつも1時間以上かかるのに、本当に30分で終わったそうです。
しかも、見た目は普段と変わらない。

この経験から生まれたのが、
「10分1000円のヘアカット専門店」のビジネスモデルです。

常に商売のことを考えているからたどり着いた、
実に経営者らしい発想です。ですが、ここまでだと、
「やっぱりビジネスを思いつくのは、凡人には難しい」
と感じるかもしれません。

もちろん、話はこれで終わりません。
実は、同じ時期にこの構想を考えていた人がいます。
経営コンサルタントの大前研一氏です。

大前研一氏は、50 万部のベストセラーとなった
著書『企業参謀』（プレジデント社）の中で、
同様の理髪店のビジネスモデルを記しているのです。

私がここで言いたいのは、
「大前研一氏のような思考力をつけよう」
という話では、もちろんありません。

この本の刊行は 1975 年 5 月。
QB HOUSE のオープンが 1996 年です。
なんと、約 20 年間も QB HOUSE のビジネスモデルは
一般公開されていたのです。
つまり、**それさえ発見できていれば、**
誰でもこのビジネスを生み出すチャンスがあったのです。

では、なぜこの本を手にした少なくとも 50 万人以上の人は、
そのチャンスをふいにしたのか？
（理髪店の話は『企業参謀』の冒頭に出てくるにも関わらず！）

答えは単純。

「ビジネスを生み出すという視点で、
物事を観察していなかったから
儲かるビジネスを生み出せなかった」

これに似た話はどこにでも転がっています。

・リアルでできることを、ネットに置き換え成功した
・牛丼チェーンの仕組みをカレーや天丼で展開し成功した
・海外で成功したモデルを、日本でやったら成功した

どれも最初にやった人が莫大な利益を手に入れているのです。
今考えれば、「自分も思いついていたかもしれない」
と思ってしまうことばかりではありませんか？

メガベンチャーのメルカリも、カレーチェーンの CoCo 壱番屋も、
日本マクドナルドも、既存のビジネスを少しひねっただけ。
そうなんです。
ビジネスで儲けるチャンスは、至る所に転がっていて、
あとはそれを見つけられるかどうかなのです。

ただし、先ほど申し上げた通り、
ただ漫然と物事を見ていては、一生それは叶いません。
「ビジネスを発想する」という視点で物事を見る必要があります。

ひょっとして「難しい」と感じましたか？　心配ご無用です。
そのために本書の、「小さなビジネスモデル」を
ベースにした視点があります。
登場する事例は、そのほとんどが
ベンチャーや中小企業の「資金や人材に頼らないもの」。

本書を読めば、満足な資金や人手がなかったとしても、
100 の視点から必ず膨大な利益をもたらすビジネスを生み出せます。

必要なことは、
1 日 5 分、ちょっとしたスキマ時間で 100 の視点を眺めること。
それだけで、オリジナルのビジネスモデルを思いつき、
気づいたときには売上がうなぎのぼりになっているでしょう。

この本を読むだけで、次のようなビジネスを、
あなたも思いつくことができるのです。

・スキマ時間に働く人を紹介するだけで、上場までした会社。
・工具を 1 つにまとめただけで、
クラウドファンディングで 763 万円を達成！
・3 分の動画を流すだけで、160 万もダウンロードされたアプリ。
・天井を高くして、空室率はほぼゼロのワンルーム賃貸。
・保管するだけで、売上が立つサービス。
・アルコール飲料を出さないだけで、人気になった Bar。
・小さくしただけ！　で 3 億円を売り上げた商品。
・プールを広告メディアにして、赤字事業の黒字化に成功！

そのために必要なのは、
本書で紹介する 100 の視点を毎日 5 分でいいので、
少しずつ眺めるだけです。

本書を読んだあなたが生んだビジネスが株式上場し、
莫大な利益を手にした話を直接お聞きできる日を楽しみにしています。

第 **3** 章 | 用 途 の 視 点

第 **4** 章 ┃ 形 態 の 視 点

第5章 | 場所の視点

第6章 価値の視点

「儲かるビジネス」は、
誰でも作れる

企業がどのように価値を創出し、顧客に提供し、収益を得るか。
この仕組みが、ビジネスモデルです。

「スターバックスはコーヒーを売るだけの企業ではない」
スターバックス創業者のハワード・シュルツの言葉です。
実は、スターバックスは
単にコーヒーを売っているわけではないのです。
変わりに、シュルツはこう語ります。
「スターバックス・エクスペリエンス（体験）を提供する」
つまり、スターバックスのビジネスモデルとは、
コーヒーではなく、体験を売るモデルなのです。

こうした発想は、
本書を読むことで、誰でもできるようになれます。
序章では、それができるようになるための
ビジネスモデル発想の心構えを、質問形式で解説していきます。

これまでの自分、事業と照らし合わせながら、
読み進めてください。

Q

儲かるビジネスは
どこで
学べるのか？

ビジネススクールでも教えてくれない 「ビジネスモデル」の発想方法

　大学の経営学部やビジネススクールでは、経営や戦略など、商売の考え方を学べます。ですが、教えてくれないこともあります。

　それは「実戦的なノウハウ」です。

　あなたが飲食店のビジネスを始めたいと考えたとしましょう。

　大学の教科書では、事業戦略の立て方から始まって、さまざまな理論の勉強が進むはずです。もちろん、これはこれで大切な知識ですが、しかし、ご存じのとおり、実際のビジネスでは教科書通りにはいきません。

・顧客を獲得するための営業話法
・パワーポイントでサービス概要、パンフレットを作る方法
・ネットを使った効果的な宣伝やマーケティングの手法

　といったことについて、残念ながらテキストには載っていません。

　このような現場レベルのことを、大学やビジネススクールでは教えてくれないのです。

　ビジネスの現場においては、高尚な理論よりも具体的にどうすればいいのかが何より大切です。顧客の心を動かし、買いたいと思わせること、さらには一回ではうまくいかないため、トライアンドエラーに向き合うための大切さ、トラブルが起きたときにどうすればいいのかなどです。

　これはビジネスモデルの世界も同じです。

　難解な経営学の教科書を開いて、理解できないフレームワークや戦略論にいちいち目を通している余裕はありません。

Q

ビジネスモデルは
優れた思考力で
生み出すものか？

　ソフトバンクの孫正義氏を知らない人は、今や日本にはいないでしょう。天才的な発想でビジネスを拡大させ、わずか一代で日本有数の企業に育て上げました。

　では、その天才性はどこからくるのか？
　実は、**ソフトバンクの孫会長が起業する際に毎日 100 個のビジネスアイデアを考えたというエピソードがあります**。つまり、かなり地道にビジネスの土台を築き上げていたのです。

　しかし、考えることが大切とはいえ、1 日に 100 個もアイデアを考えているヒマはありません。そこで簡単に、短時間で、専門知識がなくても「実戦性」のあるアイデアを思いつく方法がないか。
　それが本書で紹介する「100 個の視点」という方法です。
　毎日 5 分でも、眺めるだけで新しいビジネスモデルを思いつく。
　大学で教わる方法とはあまりに次元が違い、本当にそんなことができるのかと思われたかもしれません。しかし、あなたもこんな例を 1 つや 2 つはご存じのはずです。

・リアルでできることを、ネットに置き換え成功した
・牛丼チェーンの仕組みをカレーや天丼で展開し成功した
・海外で成功したモデルを、日本でやったら成功した

　これらは、既存の事例をヒントにして、少し応用しただけだと思いませんか？
　自分でもそれを知っていたら、やれそうだとは感じませんか？
　そうです。誰にでも実は可能なのです。要は、それを思いつけたか

どうか。

それだけの違いなのです。

この発想する「感覚」を身につけるために「視点」があるのです。

毎日、少しずつ繰り返し眺めるだけで、アスリートのようにビジネスモデルを発想するための「感覚」が身につきます。そうして、続けていくうちに、ある日トンデモない収益モデルが頭に降って湧く瞬間が訪れるのです。

この本では、何より「実戦性」に重きをおいています。

そのために実際に動き、成果の出ているケースだけを取り上げ、さらに新しいビジネスモデルを思いつくようなヒントや例をふんだんにご紹介しています。

新しいビジネスモデルを考えるのは超簡単

ビジネスの世界において、これまでの方法にしがみついていては、学習し自ら発展し続ける生成AIに淘汰されるでしょう。同じ場所で同じことをやるのではなく、どんどん新しいやり方を「発想」すればいいのです。

とはいえ、どうやって発想方法を身に付ければいいのか。実は、とても簡単です。

新しいビジネスを生み出すことに限って言えば、ある程度の公式が存在します。

あなたがやるべきことは、簡単明瞭。

1日5分でいいので、本書で紹介する100個の視点のどれかに当てはめる。たったこれだけです。

そんなことで新しいビジネスモデルを思いつくのか？ そう思われたかもしれません。しかし、ある程度のパターンを元に成功している

企業がいくつもあるのです。

例えば、「初心者」。

今あるビジネスのサイズを小さくしてしまえという発想です。

この視点を使って、**急拡大しているのが、CM で話題になった RIZAP グループの「チョコザップ」です。** 一般的にジムといえば、トレーニング器具やプール、レッスンスタジオなどがある大きな建物をイメージするでしょう。実際、多くのジムがそうです。

そこでチョコザップは、コンビニサイズのジムをオフィス街や住宅街のいたるところに作っています。

しかも、トレーニングが目的ではないような人がついでに立ち寄りたくなるような、カラオケやランドリーなども用意。1700 店舗以上という異常な店舗です。

ここでちょっと考えてみてください。この仕組みに今までにはない目新しい点はありますか？

・**スポーツジム（といえば玄人向け）→初心者向けのスポーツジム**

としただけだと思いませんか？

実は、こうしたちょっとした発想で成功を収めている企業が、それこそ山のようにあるのです。あなたに考えられないわけがないのです。

もちろん、小さいとはいえ、出店には相応のコストが発生します。

準備期間を含めた運転資金も必要でしょう。

しかし、トンデモなく難しいことだとは思えないでしょう？

そうなのです。あなたにもちょっとした発想や違う視点があれば、いとも簡単に新しいビジネスモデルを生み出すことができるのです。

そのために、本書でご紹介する視点があるのです。

Q

分厚い専門書を読めば
発想力が
鍛えられるのか？

　ここまで読まれた読者の方はもうお分かりでしょう。

　儲かるビジネスモデルを発想するために必要なのは、分厚い専門書ではありません。

　昔、中学や高校で習った数学の公式と同じです。順番に違うものを当てはめてみるだけ。理容室の事例があれば、そこへ駐車場を当てはめてみる。そんな感じです。

　孫子も言うとおり、「いかにして戦わずに済ませるか」です。戦うハメになった時点で、遅いのです。次から次へとどんどん新しいビジネスモデルを「発想」する。

　これこそが勝ち抜けていくための最後の方法なのです。

　この本を手にされたあなたは、今までいろんなビジネス書を読んできたと思います。ここで少し振り返ってみてください。

　それらを読んだことで、これは！　という答えにたどり着きましたか？

　残念ながら、そうはならなかったはずです。読み終わった直後は、これはいいヒントを得たと思っても、実はそれほどではなかった。きっとそんなことの繰り返しだと思います。

　専門書なのに、なぜこうなるのでしょうか？

　実は、多くの方が見落としている点があるのです。それは、そこに載っているのはあなたのビジネスではないということです。

それはそうだろうと思われるかもしれません。しかし、だからこそ、いくら読んでも答えに繋がらないのです。

　これはスポーツの世界に似ています。
　良くヒットを打つ打者がいたとして、その人のマネをして打てるようになるでしょうか。
　もちろん、少しはマシになるかもしれません。
　でも、きっとまた元に戻るでしょう。
　なぜなら、その人とあなたは別人だからです。
　いくらマネをしても同じように打てるはずがないのです。

　ビジネスも同じなのです。同じ業界で同じようなサービスをしていたとしても、競合や成功事例をいくらマネても、しばらくするとすぐに元に戻るだけ。

センスがないから発想できないのか？ 思い込みがあるから発想できないのか？

　スポーツにしろ、ビジネスにしろ、なぜこうなってしまうのか。
　それは、うまくいく確信がないからです。
　つまり、自分でわかってやっているわけではない。
　結果、うまくいってもいかなくても、なぜそうなるのかが不明なままだからです。

　そこで提案したいのが、自分で発想することです。
　発想と聞くと「いや、そんなセンスはない」と反射的におっしゃる方がいます。
　しかし、諦めないでください。
　自分じゃ考えられないと思い込んで、過去の成功事例や高尚な戦略

の本を読んでも同じことを繰り返すだけです。

　発想すると聞くと、元々センスのある人だけのもののように思える
かもしれません。
　先に断言しておきましょう。
　発想は人間であるなら誰にでも可能です。ここに例外はありません。
できないのだとしたら、そう思いこんでいるだけです。

　発想すること自体はとても簡単です。特にビジネスの世界に限って
いえば。
　もちろん、青色発光ダイオードのような世紀の発明をしろ！　と言っ
ているのではありません。ただ利益を上げる仕組みを考えるために、
ノーベル賞を取るような並外れた知識も経験もいらないのです。

では、
ビジネスモデルの発想に
何が必要か？

では、どうすればいいのか。

アイデアに関する本を読んだことがある人ならご存知かもしれません。

新しいアイデアを考える、発想するときに必要なことは、ただ1つ。**すでにあるものを掛け合わせること。** ただこれだけなのです。

まったくゼロから生み出す必要はどこにもありません。

ビジネスであれば、すでにあるビジネスとビジネスを掛け合わせるだけ。実際成功している企業の中に、たくさんこうした例を見ることができます。

あなたにも経験はありませんか？

あれ、これってどこかで似たようなサービスがあったような……。

はい。あなたのその直感は当たっています。

世の中の多くのビジネスは、すでにあるものをヒントにして成功しているのです。

例えば、東京都内を中心に、行列が絶えない本格フレンチがお得に食べられると評判の「俺のシリーズ」の俺のフレンチ、俺のイタリアンなどのレストランがあります。

特徴はその回転率です。高級フレンチを立ち食いスタイルで食べるという意外性抜群のスタイルによって実現しています。

これは、**古くからある「立ち食いそば」と同じ仕組み**です。

限られた店舗内スペース、営業時間を最大限に使い、利益を出すため、通常は1日1回転、よくて2回転の席を、3回転以上させる仕組みになっています。もちろん、料理に妥協があるわけではなく、シェ

フは元有名フレンチ店の出身です。

この仕組みによって、高級フレンチでは不可能だった「庶民価格」でビジネスを成功させています。「俺のシリーズ」がこれを応用して、「高級レスランを庶民価格で食べられる」店舗システムを構築したわけです。

<u>**既存のもの×既存のもの＝高級フレンチ×立ち食い＝俺のフレンチ**</u>

となり、今までにはない新しいビジネスモデルが誕生したのです。

あなたが新しいビジネスを発想するときも同じです。

すでに結果が出ているもの同士を組み合わせるだけ。

過去の事例をなぞるのではなく、それらをヒントに別のモノと掛け合わせ、新しいビジネスを生み出す。結果、これで今までなかった新しいビジネスが誕生し、圧倒的で莫大な利益を確保できるのです。

世界の覇者となったグーグルは 立ち食いそばと同じだった！

私たちが日頃利用する立ち食いそば。実はグーグルと共通点を持っています。

それが「シンプル」であること。

「人は頭を使いたくない」

ほとんどのそば屋さんでは、券売機があり、食券を購入します。購入した食券をカウンターのいる店員さんに渡す。これで注文は完了です。ちぎった半券をカウンターの上においてくれるので、間違った注文が入る心配もありません。

しばらく待つと、注文した品がカウンターの上に出てきます。それを持って席に移動し、あとは食べるだけ。お金は支払い済ですから、食

べたあとは食器を返却台に戻すだけ。非常にシンプルですよね。

　スマホが普及してもっとも影響が出たと言われているのが、人の集中力です。長い文章や難解で頭を使いながら読むような情報は嫌われます。もっと他にわかりやすい情報がいくらでも存在するからです。

とにかくシンプルに

「わかってくれるだろう」と思うのは危険です。理解しようと時間をかける前にさっさと違う方法を選んでしまう、それが大多数の人の行動です。

　情報だけではありません。例えばさきほどの立ち食いそばも同じです。

　注文の仕方が面倒。これだけで間違いなく敬遠されます。
「手間暇がかかっても食べたい」。そこでしか食べられない特別なメニューだとしたらそんなことも起こるかもしれません。しかし、ほとんどはそうはなりません。

　あなたもきっと一度や二度は経験したことがあるはずです。

　店員を呼んだのに来ない、注文したものと違う、どこに座っていいのかわからないなどなど。少しでも「えっ？　どうすればいいの？」と人に感じさせたらそこでアウトなのです。

　あなたのビジネスがどのようなものであっても複雑さは命取りです。

　大学の研究論文やどこかの研究所で提出するレポートでもないかぎり、とにかく複雑さを取り除きましょう。

　そのためには、人にこのビジネスがどんなものなのか、できるかぎり単純に説明してみることをオススメします。

　とにかくシンプルに。シンプルにすればするほどあなたのビジネスは飛躍的に成功へと近づきます。

Q

最強の
ビジネスモデルとは
どんなものか？

特別に美味しいわけではない富士そばが飲食店の中で最強である理由

　ビジネスは IT と同じ「システム」です。集客や商品、サービスといったものから組み上げられた大きなシステムです。
　税理士でいえば、税務の知識はビジネスのパーツの 1 つに過ぎません。

　そのため、「○○」を持っていれば商売がうまくいく、という考え方は危険です。

　例えば、あなたが飲食店を始めるとしましょう。
　すごく美味しいパスタを作ることができたとします。しかし、好調な売り上げはまず長続きしないでしょう。
　それはなぜでしょうか？

　ここで質問です。蕎麦屋の「富士そば」が強いのはなぜでしょうか？
　その名を知らない人はきっといないと思います。肝心な味はといえば、神田や日本橋、長野県などにあるような名店と比べると至って普通です。

　でも、ビジネスとしては圧倒的な存在です。駅前で富士そばが見つからないほうが珍しいほどですから。
　富士そばは、単に「味だけ」ではなく、**「味も含めたビジネス全体」で勝負をしている**のです。

　先に言っておきますが、味勝負がダメというわけではありません。ただ、レアすぎるのです。誰でもできるわけではない。はっきりいってリスクです。

余談ですが、ビジネスとして、とにかく大きいほうが良いというのも、一昔前の話。ビジネスは大きければいいわけではありません。

　大きさではなく、「システム」として機能するかどうか、ここが重要なのです。

難関試験を突破した人が勘違いしがちなこと

　なぜ、ビジネス全体で勝負する必要があるのか。

「簡単に負けないから」です。

　例えば、最近数が増えすぎて過当競争の様相を呈している弁護士。

　司法試験に受かり、研修を受け、弁護士資格を取れば、誰でも弁護士事務所を開くことができます。でも、これではどこにも「差別化」がありませんよね。

　もちろん、弁護士の先生の経験値などによって、大きな違いがあるのは確かです。しかし、相談者からすれば、それは「見えません」。

　つまり、Aという先生とBという先生の違いなんてわからない。

　そこで必要となるのが、差別化と循環をあわせ持つ、回り続けるシステムなのです。

　こうしたビジネスモデルを作ることはもちろん簡単ではありません。しかし、その大変さに代えがたいメリットがあります。それが「マネできないこと」です。

　世の中でその存在が当たり前になったビジネスのほとんどが、もはや誰にも「マネ」できない。モデル化することで、マネされない強いビジネスを描けるのです。

では、そのために必要なことは何か？

ビジネスは、誰もが知っているように、最初に考えたアイデアがそのままうまいくことはまずありません。文字通り、紆余曲折と試行錯誤の連続です。

そこで、どのタイミングでも OK です。行き詰まったり、少しでも何か違うなと感じたら、立ち止まって、ぜひ本書を見返してほしいのです。

どれほどいいビジネスモデルだと思えても、そこに**甘んじることなく、さらにもう１つ、できれば３つは作ってください。**

いいアイデアが生まれると、そこに「思い入れ」がついてきます。時間をかけた分、愛おしさも生まれます。我が子のように思えるかもしれません。

でも、だからこそ、あえて「ドライ」な感覚を持って、最初のアイデアは一旦横において、もう１つ、できれば、もう２つ考えてみてください。

これはいわゆる「ストレッチ目標」と呼ばれるものです。

無理せずできるレベルを 100 とすると、ストレッチ目標は 120 くらいです。ちょっと人によってはかなり無理をしないと届かないという目標を立てるのです。

そして、自分で自分を追い込む。これも、これからビジネスで儲けていきたいあなたにとって、決して損のない習慣の１つになるはずです。

突然、
ビジネスで成功する人の
共通点は何か？

　野球やサッカーなどのスポーツ全般に言えることですが、練習もなくいきなりできる人、いますよね。教わらなくてもなぜかうまくできてしまう。そういう人です。天才とも呼ばれますね。

　ルールもよくわからないのに、バッターボックスに立つとなぜか思いっきり打ててしまう。もしかすると本人自身もよくわかっていないかもしれません。

　巨人で選手、監督として活躍した往年の名プレイヤーの長嶋茂雄さんが、少年野球の子供たちにバットの振り方を教えていたときのこと。こんな言葉を使っていました。
「ビュッと振ってボンと当ててシュッ！」

　どうでしょうか。果たしてこれで、少年はうまくなるのか？
　ですが、これが天才のアドバイスであり、思考なのです。

　ビジネスも実は同じです。
　詳しいビジネス理論を知らなくても、なぜか成功してしまう人たちがいます。
　彼ら**天才に成功の秘訣を聞くと、論理的な答えが返ってくることはほとんどありません**。思いついたから、が本質なのです。

　もちろん、全然失敗しないというわけではありません。かのイチローも三振するときもあるでしょうし、ダルビッシュも時にはホームランを打たれます。
　しかし、失敗を何度か重ねながらも、最後には大きな成果を上げてしまう。

海外ならビル・ゲイツやスティーブ・ジョブズ、Amazon のジェフ・ベゾス、国内なら京セラの稲盛会長や HIS の澤田会長、ソフトバンクの孫会長といった人でしょう。

ここで、「そういう人達のような優れたセンスなんかない」と諦めるのは早計です。

スポーツの世界でも「努力と工夫」でのし上がり、大きな成果を上げている人が少なからずいるように、ビジネスの世界も**センスの代わりに「努力と工夫」で結果を出している人たちがたくさんいる**からです。

スポーツと違って、ビジネスなら凡人でも成功できるチャンスが山ほどある

なぜそうなるのか。

そういう天才の人たちを見て、比較したり、落ち込んだりするのは無意味です。

アスリートやプロスポーツの世界は、残念ながらセンスと努力がモノを言う世界。いわゆる天才には及ばない。こればかりはどうしようもないでしょう。

しかし、ビジネスの世界は違います。センスのある人でも失敗している例は枚挙に暇がありませんし、さほど目立つような人ではないのに、成果を出す人もいる。

例えば、かのマクドナルドを世界展開に導いたレイ・クロックは、紙コップの営業マンでした。

ビジネスにはスポーツほどの細かいルールや枠組みがありません。

　守らなければならないルールは法律くらいでしょう。自社のビジネスにかかわる法律さえきちんと守っていれば、あとは工夫次第でいくらでも成果を出すことが可能なのです。

　法律は、野球のルールほど細かく求められていません。セットポジションに入ってからファーストに投げたらボーク！　みたいな。もちろん、建築基準法など厳しいものがあるのも確かですが、それでも「家のデザイン」や「コンセプト」にまで縛りはありません。いわんや、営業方法などもです。

　つまり、やり方次第。

　先天的なセンスよりも発想が勝る可能性が十分にあるということです。

　発想は誰にもでもできることです。

　そして、このあとご紹介する視点や発想法を身に付ければ、なおさら簡単に新しいビジネスを生み出すことができるのです。

ビジネスチェンジで
別人のように
成功した人は
何が違うのか？

ここでちょっと質問です。

学生時代、苦手な科目と得意な科目はありませんでしたか?

例えば、数学が苦手だったが世界史は得意だった。英語は嫌いだったが化学は好きだったとか。きっと少なからずあったはずです。

なぜ、こんなことが起きるのか。それこそが「わかる」かどうかにかかっているのです。得意科目の場合、

・自分が得意だと思い込んでいる
・過去の試験で解けた成功体験がある

ことなどから、公式や例題をよく覚えています。

その結果、その科目がどのようなものなのか、つまり「正体がわかっている」のです。そのおかげでどのような問題が出たとしても「なんとかなる」と思えるのです。

一方の苦手科目は、どうでしょうか。

いつかの試験でうまく解けなかったことが原因で、その正体が「わからなくなってしまっている」のです。一度、怖いと思ってしまうと、次の試験で解けないとさらにその気持ちが強くなり、結果、自分は「○○」が苦手だ、となるのです。

実はビジネスも同じです。営業が苦手な人からすると、営業が大好きだという人のことをどうにも理解しがたいでしょう。でも、実は先ほどの科目と同じことなのです。

営業が得意な人にとっては、「営業」という仕事でどうすればいいの

かが、それが「わかっている」。だから安心して取り組めるのです。反対に苦手な人にとっては、ほとんどお化けです。とにかく怖いとしか思えない。

「これはビジネスだから」と身構える必要は全くない

ビジネスモデルもまったく同じです。

ビジネスモデルの正体とそれを「解く」ための公式さえわかれば、誰にでもたやすく、苦手意識を持つことなく、簡単に作り上げることができるのです。

ビジネスはスポーツと同じです。

「ビジネスモデルを考えよう」と聞くと、なにやら途方もない面倒なことをするのではと思ってしまいませんか？

・お金も時間も人も必要。
・そもそもいいアイデアなんか思いつかない。
・いろんなことを試してみたけど、成功したことがない。
・いまさらビジネスモデルなんて考えたくもない……。

物事がうまくいかないことが続いたり、経験のないことをやらなければならないとき、人は気持ちが萎えたり、恐れを抱いたりします。

答えは至極簡単です。
あなたがそういうイメージを抱いたとしても不自然なことではありません。
では、反対に気分よく、自信を持って取り組むためにはどうすればいいのか。

人間は、よくわからないことやうまくいかないことに対して、不安になります。反対に**「わかっていること」は取り組みやすいという性質**があります。

　この性質を活かせばよいのです。

　ぜひ次章からの 100 の視点を通じて、そのエッセンスを身に付けてください。

第 1 章

お金の視点

ある商品やサービスが市場で取引されるとき、
売り手と買い手の間で合意される交換の基準となるもの。
それが、「価格」です。

価格は、次のようなことで、高くなったり安くなったりします。
「供給と需要」（市場の供給量と需要のバランス）
「コスト」（原材料費、労働費、設備投資などの生産コスト）
「市場競争」（競合他社との競争）
「ブランド」（認知度や知名度）
「環境」（経済環境や政治、制度など）

人はなんとなく買い物をするわけではありません。
「一番価値あるものは何か」を、
限られた予算の中で選択し、選ぶのです。
そんな価値を提供するためのビジネスを生み出す
14 の視点が、ここでは登場します。

中 古 品

Q

コストは
何 で 決 ま る の か ？

日本全体では、車社会の地域がほとんど。

車は購入や維持に、コストがかかる。購入はローンが一般的で、最近は車のサブスクも登場。共通点は「購入者の資金コストの引き下げ」にある。

そんな中、月々 5000 円ほどで車が持てるサービスがある。どのようなサービスか？

TAX
自動車税

車両
オプション代

任意保険

車検・定期
メンテナンス

故障修理

登録諸費用

HINT!

「安全に動けばいい」と考えると……？

「中古」車のサブスク

株式会社 MIC の「ニコニコカーリース」（https://2525direct.jp/）は、「月々 5500 円（税込）から」の低価格で車のリース（サブスク）ができるサービスです。

車両保証や期間中の車検、メンテナンス代も含まれており、追加費用の心配はいりません。

中古車の一般的なマネタイズ手法は、「小売」。これを**サブスク（リース）に変えることで、利用者の間口を広げました。**

中古品のサブスクは、新品と比べ調達コストが減り、その分利益を押し上げます。利用者にも、利用料を安くして提供でき、利便性が増します。

中古品なので、盗難や破損、保険などのリスクの低減も見込めます。

発想のコツ　「新しい＝付加価値」が崩れつつあるとともに、実用性を重視する人が増えました。背景には、悪化する経済環境と、新商品のスペックアップの限界があります。

現在は、リユースされたもの、再生品でも十分と考える人が増えているのです。かつてはアンティークくらいしか日の目を見ませんでしたが、お金に対する考え方が変わっています。

そこで、こう考えてみましょう。

・**商品を中古品に置き換えられないか？**

POINT
既存サービス ✕ 中古品

[例] 中古ベビー用品のサブスク「BABOO SUKU」（株式会社エンドー）
中古家具・家電のサブスク「subsclife」（株式会社ソーシャルインテリア）

ワンコイン

Q

どうすれば
顧客を増やせるか？

　法律相談は、1時間5000円が相場だ。あまり利用する機会がない人には、高額なサービスと映るだろう。

　一方ここ数年、弁護士数は増加、過当競争が起きている。中には年収200万円の弁護士も存在していると言われる。

　そんな中、法律サービスを手軽に利用できる法律事務所がある。どのようなサービスか？

第1章　お金の視点

HINT!

無料ではなく、お金も払いつつ……？

無料や割引ではなく「ワンコイン」の法律相談

弁護士法人泉総合法律事務所の「ワンコイン法律相談」（https://fudosan.izumi-legal.com/cost#komon-office）は、賃貸物件オーナー向けの法律相談サービスで、**文字通り 500 円ワンコイン（税込）で利用できます。**

月 1 回 60 分まで相談可能で、ホームページに顧問弁護士として表記も可能と、必要最低限のニーズを満たしてくれます。

事例は、「ワンコイン」にすることで、差別化（本来発生する部分はそのまま）。単なる「無料」は不信感を与える恐れがありますが、うまく間口の低いものへと変えています。

事業者は、利益こそ見込めないものの、宣伝や話題性、新規顧客の獲得が期待できます。

利用者も、「500 円なら失敗してもいいか」と思えますし、想定以上の価値を感じれば、リピーターや口コミの発信者になります。

発想のコツ　不景気、経済停滞といえども、ニーズが消えたわけではありません。「できる限りお金を使うことなく、済ませたい。とはいえ、無料は怪しいし……」というのが本音です。

そこで、「この品質でワンコインなのか」と思えるラインで提供することがポイントです。こう考えてみましょう。

・**ワンコインなら試したいサービスは何だろうか？**

POINT

既存サービス × ワンコイン

[例] ワンコインで入れる「所得補償保険」（日新火災海上保険株式会社）
　　食べてダイエット「ワンコインダイエット」（株式会社ワンコインダイエット）

高級

Q

手っ取り早く
利益率を高めるには？

　羊羹といえば、日本全国の甘味屋で購入でき、スーパーにも小さいものなら100円程度で売っている身近なお菓子。

　一方、茶道の茶菓子や贈答品として購入されることも多く、その場合は、高くてもこだわりのあるものが選ばれている。

　そうしたニーズを狙ったちょっと高い羊羹がある。

　いくらの羊羹か？

HINT！

一見同じ商品でも、付加価値を付けると……？

原価が高く、値段も高い 1本1万円超えの「高級羊羹」

菓匠風月の「万羊羹　常陸」（https://shop.kasho-fugetsu.net/products/list）は**1万4040円（税込）の栗蒸し高級羊羹**です。

全国でわずか10軒の農家でしか収穫できない「飯沼栗」を原材料の80％相当に使っています。

「高級化」は、一般的な価格と大きく差をつけることで、競合とは違う価値を生み出せます。

もちろん、価格に見合う品質にするため、原材料や見た目にかける原価が上がることは避けられませんが、高価のため従来品と比べ、高い利益率を見込めます。

ただし、中途半端な値上げはダメ。特別感が薄れ、ただ割高なだけの商品となり、ブランド力も高まりません。

その品質とブランド力だけでなく、価格でも顧客を魅了することで、初めて長期的な儲けを狙えます。

発想のコツ　「価格を上げる＝顧客離れ」というイメージがあるかもしれません。ただ、それは既存客を想定しているからです。

大きな値上げは、「これまでとは違う」という認識を消費者に発信します。すると今までとは違う顧客が集まり、長く愛される商品になります。こう考えてみましょう。

・**この商品をどう高級化したら、誰が使ってくれるだろう？**

POINT

既存サービス ✕ 高級

［例］一枚一枚を当主が焼く「高級煎餅」（株式会社たぬき煎餅）
通常品より一桁高い1万円超えの「高級ガンプラ」（株式会社バンダイ）

Q

利用量に応じて
値上げできないか？

　ドラマといえば、1時間や30分などまとまった時間を使って視聴するものだろう。

　これはテレビドラマが、CMによる無料放送を基本にしているため、CMに合わせ動画の長さが決まってきたからだ。

　そこで思い切って、動画尺を短くした動画配信サービスがある。何分のドラマで、どうマネタイズしているか？

HINT!

漫画アプリをイメージすると……？

1話3分で視る「従量課金」のショートドラマ

　emole 株式会社が運営する BUMP（https://lp.bump.studio）は、1話3分のショートドラマを配信するアプリです。

　配信ドラマのほとんどは、最初の3〜4話は無料、以降は1話税込67円（または、広告閲覧で1日3話まで無料視聴が可能）。

　累計ダウンロード数は、160万以上です。

　ドラマといえばテレビの無料放送が一般的ですが、現在は動画配信サービスのようなサブスク配信が広まっています。

　事例では、この配信方法を「従量課金」にしてマネタイズ。3分という短時間でサクサク内容が進むので、「もう1話だけ見たい」という利用者の心理をうまくくすぐり、課金へとつなげています。

　従量課金は事業者にとって、定額サービスと比べて、売上をコントロールしやすく、利益も増やしやすいメリットがあります。利用者にとっても、「会員登録しているだけなら課金されない」「基本料金内なら自由に利用できる」と、契約も継続しやすい方式です。

発想のコツ　従量課金型ビジネスは、身近に溢れています。たとえば、タクシー、バスや電車の運賃、電気、ガス、水道などの料金です。定額という固定概念に縛られず、別のマネタイズを並行して考えるのがカギです。そこで、こう考えてみましょう。

・**利用量に応じて、料金を請求できないだろうか？**

POINT

既存サービス ✕ 従量課金

［例］スマホ充電器サービス「ChargeSPOT」（株式会社 INFORICH）
　　　従量課金コンサルティング「ビザスク」（株式会社ビザスク）

成 果 報 酬

Q

今までの方法に
こだわっていないか？

　今や企業をはじめフリーランスから副業をしている人まで、ホームページを当たり前に持っている。

　だが、ホームページ作成には専門知識が必要で、どこかに依頼してもそれなりの初期費用がかかる。

　その初期費用の概念を根本から覆すサービスを始めた企業がある。どのようなサービスか？

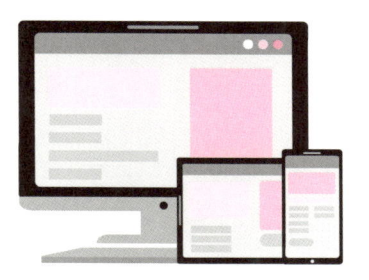

第1章　お金の視点

HINT!

発生する売上を、別の部分で回収すれば……？

株式会社デザイントランスメディアが運営する「成果報酬型ホームページ作成サービス」は、初期費用0円でホームページを制作してもらえるサービスです。

もちろん制作費は支払う必要がありますが、それは**ホームページ開設後の成果報酬によって支払われます**。ECサイトの場合は売上や成約件数に応じ、コーポレートサイトの場合なら問い合わせ件数に応じ、報酬が発生する仕組みです。

「成果報酬」は利用者にとっては、無料とは異なり後から費用が発生しますが、売上や利益とひもづくので、発注のハードルが下がります。

事業者にとっては、売上が立たないリスクもありますが、顧客へ本気度をアピールする材料になります。最初はホームページ作成だけだとしても、その後、さまざまな分野で売上が見込めます。

発想のコツ　回収リスクの発生率がどのくらいになるかがカギです。

貸金業に似ています。例えば、10の案件に対して、2件落としたとしても残りの8件でカバーできるなら、お金を貸してもいいといった具合です。

そこで、こう考えましょう。

・**成果報酬にしても、何割かは確実に売上が立ちそうか？**

POINT
既存サービス ✕ 成果報酬

［例］着手金無料・完全成功報酬の「弁護士」（法律事務所テオリア）
学力アップまで月謝不要の「学習塾」（株式会社実力派家庭教師）

Q

周りと一緒に
成長するには？

　田園都市国家構想という、地方の活性化と社会課題の解決を目指す政策が注目されている。具体的には、デジタル技術を活用して、地方の個性を生かしながら、都市と同じ利便性と魅力を持つ地域づくりを目指している。

　その中で、渋谷区で始まったある取り組みがエリア経済を活性化させている。どのようなサービスか？

HINT!

特定エリアだからこそのメリット……？

渋谷区だけでしか使えない「地域限定通過」のハチペイ

　株式会社カヤックが総合プロデュースし、渋谷区が運営する「ハチペイ」（https://www.hachi-pay.tokyo/）は、渋谷区内で利用できるキャッシュレス決済アプリです。

2022 年にスタートし、1200 店舗が参加しています。

　渋谷区民限定のキャンペーンや、地域活動で使える「まちのコイン」（ハチポ）など、渋谷区ライフを便利にし、得する機能が付帯しています。加盟店は、導入費用も手数料もかからず導入できるのも特徴。

　「通貨圏」を限定することで、差別化するビジネスモデルです。

　PayPay や Suica などキャッシュレス決済は一般的になりましたが、提供企業が主導権を握っています。一方、地域通貨とすることで、地域のお店が主導権を持った幅広いサービスが可能になります。

　行政との連携もポイントで、「地域経済の活性化」「地域外からの人口流入」「地産地消の促進」など相乗効果も期待できます。

`発想のコツ`　なぜ、人がその場所に行きたくなるのか。その場所に行かないと味わえない体験、買えない商品があるからです。

　内部にいるとその良さが当たり前になり、気づけなくなります。

　そこで、こう考えましょう。

- **どのような体験や特産品を提供すればいいだろうか？**
- **このエリアにおける "らしさ" とはどのようなものだろうか？**

POINT

既存サービス ✕ 限定通過

[例] 飛騨地域限定通過「さるぼぼコイン」
　　平塚市だけで使える決済アプリ「ひらつか☆スターライトポイント」

Q

どうすれば
お金は増えるのか？

　ここ数年、個人にも投資が広まってきた。きっかけはNISA（ニーサ）。2014年にスタートした少額から投資ができる「少額投資非課税制度」だ。

　国民全体で投資熱が高まる中、さまざまな投資案件が増えている。なかでも、中小企業や個人商店でも始められる投資がある。どのような方法か？

HINT!

誰もがターゲットになる商品といえば……？

　株式会社 funbox が運営する「ガチャガチャ投資（業務用仕入れ）」（https://www.a-muzu.com/）は、1 台から設置可能なガチャガチャサービスです。

　手数料も発生せず、また、自由に商品を選ぶことができ、**設置者が行うことは、集金とカプセルの補充のみ**。

　一般的に投資といえば、「株」「投資信託」「不動産」「金融派生商品」「ワインや時計など贅沢品」を思い浮かべるでしょう。ここを「ガチャガチャ」に置き換えたのが事例です。

　アパート・マンション投資が一時期、流行りましたが、同時にそのリスクも浮き彫りになりました。

　ガチャガチャの提供者にとっては、投資額・リスクとも小さく、参加者を募りやすい商品です。回収リスクもありません（投資家に参加してもらった時点で回収完了）。

発想のコツ　投資は、金額の大小よりも、その回収スピードと安定性が重要です。つまり、できるだけ日銭に近いほうがよく、金額のボリュームが小さいほどいいわけです。

　そこでこう考えてみましょう。

・**この商品を誰でも投資できるようにしたら、どうなるだろう？**

POINT

既存サービス ✕ 投資

［例］世界のコインで投資「アンティークコイン」（アンティークコインワールド）
リース賃料による「航空機ファンド」（株式会社マーキュリアホールディングス）

Q

いま払わない
方法はないか?

　新しい門出には付き物の引っ越し。とはいえ、費用も大きいし、住環境も変わるのでなかなか勇気がいるもの。

　新生活へのワクワク感がある一方で、お金や新しく買う家電、日用品を思うと、お金の工面に頭を悩ます……。

　そんな中、引っ越し費用の悩みを軽くするサービスを始めた企業がある。どのようなサービスか?

契約時の
初期費用
＋
引っ越し
業者代
＋
家具家電
日用品

誰かに払ってもらえば……?

株式会社スムーズが運営する「スムーズ」（https://smooth.jp/）は、引っ越しの初期費用を分割払いや後払いにできるサービスです。

24回、12回、6回払いから選べて、例えば初期費用30万円を24回払いにすると、月々約1万4000円の支払いになります（総額約34万6000円）。

分割払いにすることで、**一時的な費用集中を回避し、住む権利を担保**できます。

サブスクなどの場合、所有権が利用者にあるとは限りません。

でも、分割払いであれば自分の手元に残すことができます（モノによっては資産化）。

費用負担が減るので、検討する人が増えるのは確実です。ただし事業者は、回収リスクを抱えることになるので、それがデメリットです。

発想のコツ 「費用が高くて躊躇してしまう」「商品やサービスはいいけど、金額に二の足を踏む」という顧客は多いでしょう。

とはいえ、単純に金額を下げる選択は、得策ではありません。顧客に安定利益が見込める定価で販売するのが難しくなります。

値段そのものは下げることができない。なら、こう考えましょう。

・**その瞬間に発生する費用を下げられないか？**

POINT

既存サービス ✕ 分割

[例] 分割払いできる「小さなお葬式」（株式会社ユニクエスト）
分割払いできる自動車保険（アクサ損害保険株式会社）

無料

Q

初めから選択肢を
除外してないか？

　人類に欠かせないエネルギーの供給源として、太陽光発電が注目されている。

　一般家庭でも新築の屋根に取り付けるなど普及されてきたが、費用やメンテナンスなどもあり、まだまだ途上だ。

　そんな中、無料で太陽光発電設備が設置できるサービスを展開する企業が登場した。どのような仕組みか？

第1章　お金の視点

HINT!

設置することにメリットがあるとしたら……？

設置が「無料」の太陽光発電システム

一般社団法人太陽光発電協会の「PPA 電力購入契約（Power Purchase Agreement）」（https://x.gd/TrAZg）は、太陽光発電の事業者が自己資金、もしくは投資家を募って資金を集め、太陽光発電所を開設し、太陽光パネルを設置したい人または企業（＝需要家）との間で発電した電気を供給する契約のこと。

安易な「無料化」は、事業の安売りになるので、おすすめできません。ですが、「無料だけど安心」という担保があれば、話は別です。事例は、国も推奨する方法ということで信頼性を確保しています。

無料にする場合、その費用をどう補完するか、予め設計しておく必要があります。方法は大きく3つあります。
①他社（他者）にカバーしてもらう（リターンの設定）
②仕入れ自体を無料にする（または無料相当を用意する）
③無料部分と有料部分を分け、有料部分でマネタイズする

発想のコツ　これまでにお金を払ってもらうことで儲けてきた商売ほど、無料にするのは難しい選択でしょう。ですが、行き詰まっているとき、事業のスタートダッシュに弾みをつけたいとき、無料による集客効果を使わない手はありません。まずは、こう考えてみましょう。
・**無料化するだけで、顧客を集められるか？**

POINT

既存サービス × 無料

[例] 大学生無料のカフェ「知るカフェ」（株式会社エンリッション）
農家の規格外品が無料でもらえる「フリフル」（株式会社 Day1）

Q

買うより
安くできないか？

　令和2年2月時点の全国の農業経営体は約107万経営体で、5年前に比べ減少している。

　農業をする人は高齢化などで年々減っており、一方で新規の就農者も増えておらず、大きな課題となっている。

　その中で、農業の新しいかたちを提案するサービスが始まった。どのような取り組みか？

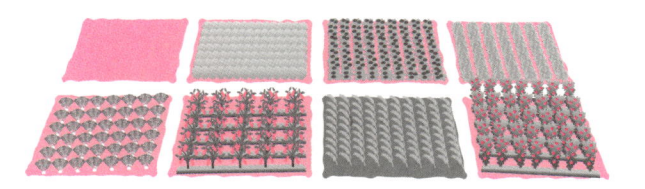

農業まるごとではなく……？

　株式会社アグリメディアの「シェア畑」（https://www.sharebatake.com/）は、手ぶらで気軽に農業体験ができる貸し農園サービスです。

　SDGs や ESG への関心の高まりから、**企業が所有している土地での「シェア畑」開設ニーズが高まっており、125 農園を展開しています。**たとえば、世田谷区の大手建設会社所有地、ある企業の社宅跡地などを活用。

　化学肥料や殺虫剤を使用せず、有機質肥料を使用しているところも特徴で、経験豊富な菜園アドバイザーによるアドバイスやサポートを受けることもできます。

　「シェア」の運営企業は、1 人の顧客に依存することなく、利用者同士のコミュニティ化によって、基盤の強いサービスを提供できます。

　利用者は、所有から利用への転換によって、資源の有効活用と無駄な出費を抑制でき、資金的にも物理的にも余裕を持てます。

発想のコツ　様々な業種・業界で慢性化している「人手不足」。

　人がいない、足りないことによって、本来なら運用できるはずの資産が使えない状況が増えています。

　そこで、こう考えてみましょう。

・**人を増やさず、資産を活用できないか？**

POINT

既存サービス ✕ シェアリング

[例] 空きスペースを使った駐車場「akippa」（akippa 株式会社）
　　相乗りマッチング「notteco」（アディッシュプラス株式会社）

一口オーナー

Q

一部だけでも、
買ってもらえないか？

　日本の現在の食料自給率は、カロリーベースで38％、生産額ベースで63％。食料自給率が注目されるのは、生活に特に不可欠なこと、輸入依存の問題、輸入の不確実性があるからだ。

　その中で、ある企業が始めた、手軽に食料自給率の向上に貢献できるサービスとは？

HINT!

田圃や畑をまるごとは持てないが……？

　農業法人株式会社秋津野の「みかんオーナー制度」（https://x.gd/vJyK6）は、みかんの木のオーナーになり、自分の名前のついた樹からみかんを収穫できる制度です。

　剪定、施肥、草刈り、摘果などの栽培管理は、園主が実施。オーナーは、最大 50 キロまで収穫が可能。

　一口オーナービジネスは、**少額でオーナーになれるため、集客がしやすいのがメリット**です。

　少額でスタートできるので、自分の興味や関心に沿ったビジネスを始めやすく、興味があることだから長く続けられますし、そのビジネスについて深めていくことができます。

　ただし、ある程度の規模になるまでは、必ずしも高収入を得られるとは限りません。

発想のコツ　慢性的な人手不足によって、これまで運用できていたものが運用できない状況が増えています（飲食店など）。

　もはや、誰かを雇用して資産を運用することは難しい、厳しいという前提に立った方がいいのかもしれません。

　そこで、こう考えましょう。

・**雇用せず、手伝ってもらう方法はないか？**

・**どうすれば第三者が協力したくなるか？**

POINT

既存サービス ✕ 一口オーナー

[例] ごま畑のオーナー制度（株式会社和田萬）
　　 養殖昆布のオーナー（南かやべ漁業協同組合直販加工センター）

Q

必要なときだけ
使えないか？

レンタル市場の規模は、約9兆円。主なカテゴリーでは、衣料品が約4000億円、アウトドア用品類が4500億円、最近増えているスペースレンタルは約3700億円。一方で映像系（DVDなど）のレンタル市場は減少傾向にある。

その中で、イベントや工事に欠かせないある物をレンタルし、業績を上げている企業がある。それは何か？

第1章 お金の視点

デジタル社会に欠かせないものといえば……？

株式会社オンリースタイルの「電源レンタル」（https://dengen-rental.com/）は、リチウムイオンバッテリーを使用した蓄電池のレンタルサービス。

トヨタ自動車、鹿島建設などの大手企業から中小企業まで、幅広い業界、業種で使われています。

イベントや法定停電、建設現場など様々なシーンでの電源確保に活用されています。ガソリンを使わないため、発火や爆発の危険性がなく、排気ガスや騒音もないほか、停電時にも自動でバッテリーが駆動します。充電済みで届けられるため、簡単設置で即日利用が可能。

事業者は、**商品を貸し出すたびに収益が発生する**ため（商品が実用に耐える限り）、安定したキャッシュフローを確保できます。もし使っていない物をレンタルすれば、資産の効率的な運用ができます。

利用履歴や嗜好からマーケティング戦略を最適化すれば、ただ販売するだけでは得られないニーズをキャッチすることもできます。

発想のコツ　移動や持ち歩きが面倒なモノは結構あります。都心に住んでいて車を保有していない人にとっては特に、です。

「外出先で入手が困難なもの」、「ずっとは使わないけど、必ず一時的に必要になるもの」を見つけたら、こう考えてみましょう。

・**代わりに用意することはできないだろうか？**

・**事前に貸し出すことはできないだろうか？**

POINT

既存サービス ✕ レンタル

[例] ベビー用品のレンタル（株式会社ベビレンタ）
家電レンタルの「かして！どっとこむ」（株式会社サークランド）

分 散

Q

リスクを
減らせないか？

2021年の相対的貧困率は15.4%となっている。

何とかそこから抜け出す支援をしていきたい。一番やりやすいのは、資金的な援助だが、貸付などの場合は貸倒リスクを伴い、なかなか一歩を踏み出せないもの。

その中で、マネー面を支援するために、ある企業が始めたサービスとは？

HINT!

回収リスクを減らすには……？

中小零細事業向けの小規模融資

五常・アンド・カンパニー株式会社（https://gojo.co/landing-page-jp）は、途上国における中小零細事業向けのマイクロファイナンス（小口融資）サービス企業です。

2030年までに50カ国で1億人に廉価かつ高品質な金融サービスを提供することを目指し、三井住友信託銀行などから出資を受けています。

リスク分散は、内容を問わず、投下資金・コストを結果的に最小限に抑えることで、回収や廃棄リスクなどを減らすことができます。

また、同時に展開数を増やすことにも繋がり、ビジネス拡大のしやすさもあります。

発想のコツ　携帯電話が登場したころ、その大きさは羊羹1本が入るくらいありました（今では想像もつきませんが）。

重さも相当なもので、持ち運びも実際の利用（電話で話す）時も重くて、とても長時間使えるものではありませんでした。

そこから、あっという間に小さく、軽くなり、同時に価格も誰もが購入できるレベルになっていきました。

「大きさ」がネックになったときは、こう考えてみましょう。

・**もっと細かくすることはできないだろうか？**

POINT

既存サービス ✕ 分散

[例] どんな細かい作業も手伝う「パーソナルアシスタント」（TaskRabbit,Inc）
集荷場所を分散した宅配ロッカー「PUDOステーション」（ヤマト運輸株式会社）

有料

Q

無料のものは何か？

　ファミレスチェーン「サイゼリア」では、無料だった粉チーズが有料に。

　環境意識の高まりや原材料の高騰、燃料費、人件費の増加に伴って値上げラッシュが続いている。

　その中、ある家電量販店で、それまで無料だったものを有料化し、サービスを拡充させた。それは何か？

HINT!

じっくり確認したいが、長時間はしづらいこと……？

店頭カメラの「有料」お試しサービス

　株式会社ビックカメラが店頭サービスとして用意した「テイクアウトレンタル」（https://www.biccamera.com/bc/c/super/sonota/camerarental/index.jsp）は、店頭の新品カメラやレンズをレンタルできるサービスです。

　レンタルサービス自体は、GOOPASS というカメラのサブスクと連携しており、店頭で申し込みをし、その場でレンタルできます。

　レンタル費用は本体価格の 10 分の 1、最低レンタル期間は 2 カ月と、かなりの期間お試しできます。そして、そのまま購入する場合は、レンタル費用を差し引いた金額で購入可能。無駄がありません。

　ちなみに、**GOOPASS は 2017 年にサービスを開始し、すでに 15 万人以上が会員登録しています。**

　利用者にとって、有料でも「じっくり試す権利を得る」ことができると、後悔するリスクを減らせます。

　事業者も、試す時間が伸びれば、購入確率の増加、返品リスクの低減が見込めるため、試供品の部分的なコスト（減価償却など）のカバーができます。

発想のコツ　高額なものになればなるほど、じっくり試してから購入を決定したいもの。でも、高額なものほどお試しが難しい……。

　金額には限度がありますが、こう考えてみましょう。

・**お金を払ってでも、じっくりお試ししたいだろうか？**
・**いくらまでなら有料でも試用したいだろうか？**

POINT

既存サービス × 有料

［例］入場料 1650 円で利用可能な書店「文喫」（日本出版販売株式会社）
1 時間 1000 円の図書館カフェ「森の図書室」（森の株式会社）

顧客の視点

商品やサービスを購入または利用する個人や団体であり、
売上を生み出す源泉。
それが「顧客」です。

顧客は、2つに別れます
「個人」と「法人」です。
日常的に商品やサービスを購入する存在。それが個人です。
法人は、自社の業務のために商品やサービスを購入します。

「顧客が何を買うか」は、
価格や品質、ブランド、レビューなど、
いろんなことを基準にしています。

一つ言えることは、顧客満足は企業の成功に直結することです。
そんな顧客との信頼関係を築くビジネスを生み出すための
20 の視点が、ここでは登場します。

Q

違う人が使うと
どうなる?

コロナ禍で外出や会合、面会が規制される中で、新しい生活スタイル、娯楽が生まれた。

特に、キャンプはさまざまなメディアで取り上げられ、雑誌の特集や関連の書籍も驚くほど登場。

その中で、キャンプの必需品のテントを、別の使い方でヒットさせた企業がある。どのような商品か?

「テント=視界を制限できる」なら……?

ビーズ株式会社の「ぽっちてんと」（https://www.bauhutte.jp/product/bt1_110_130/）は、デスク周りに設置する1人用テント。

部屋のなかにもう一つの個室をつくるイメージです。空間を物理的に遮断することで、ディスプレイ一点に集中しやすい環境が作れます。**コロナ禍に、前年の3倍を売り上げています。**

ターゲットを変える最大の効果は、新しい市場の形成です。

事例の場合、本来、アウトドア用であるテントを、室内で集中したい人向けに転用することで、独自のマーケットを開拓しています。

そのままの商品では顧客を変えることは容易ではありませんが、商品のコンセプトを少し変えることで、案外、新たなマーケットは拓けるのです。

発想のコツ 「自分の家であっても、自分の部屋がない」
「集中できるスペースがない」

こういう人は意外といます。特に子供がいれば、自分の部屋がないことがほとんどでしょう。

家でも仕事がしたい（しなければならない）。でも、外で会議室などを借りると費用が掛かるし、カフェだとうるさくて集中できないし、移動も面倒です。そんなときは、こう考えてみましょう。

・**集中できる場所、それでいて、費用がそれほどかからないものは？**

POINT
既存サービス ✕ ターゲットチェンジ

[例] 老犬のためのデイサービス「らものいえ」（C&H株式会社）
子供向け将棋「どうぶつしょうぎ」（任天堂株式会社）

Q

自国以外の人に提供できるか？

　百貨店販売額（全店ベース）の推移を見ると、2023 年 4〜6月期以降、三大都市圏と、九州・沖縄では回復している。背景には、人流とインバウンド需要の増加がある。

　日本は人口減少局面を迎えているが、新たな需要を見つけようと、訪日観光客を狙った Wi-Fi サービスがある。どのようなサービスか？

HINT!

電気、ガス、水道に並ぶ生活インフラとは……？

空港での受取返却ができる定額制のWi-Fiルーター

株式会社ビジョンが運営する「NINJA WiFi」（https://ninjawifi.com/jp）は、日本国内で利用できるパケット定額制のモバイルWi-Fiルーターのレンタルサービスです。

すでに**2100万人以上が利用**しています。

空港での受取・返却ができ、データ容量は無制限、1台のルーターで最大5人まで接続できるので、友人や家族で共有することも可能です。

インバウンドは、訪日外国人による消費です。国内消費は、デフレの影響で頭打ち感は否めず、今後も人口減少が予測される中で、ほとんどの産業で国内消費は減少していきます。

訪日外国人が不便に思うことの第1位は、「Wi-Fi環境」。次いで「施設等のスタッフとのコミュニケーションがとれない」、「多言語表示の少なさ・わかりにくさ」「公共交通の利用」、「ゴミ箱の少なさ」という結果があります。

事例では、このうちWi-Fi環境をカバーしたものです。

発想のコツ　政府は2030年までに、訪日外国人旅行者数6000万人、消費額15兆円を目標にしています。文化・歴史などの体験や国際会議、国際見本市の誘致などを通じて、需要を取り込む方針です。

ここに大きなチャンスがあります。こう考えてみましょう。

・**訪日外国人が感じる不便さを、このサービスで解消できるか？**

POINT

既存サービス × インバウンド

[例] 舞妓変身スタジオ四季（株式会社京永堂四季）
インバウンド専門のマーケティング（株式会社ベクトル）

個 人 間

Q

法人がなかったら
どうなるか？

厚生労働省によると、要介護（要支援）認定者数は、令和3年度末で690万人となっている。

高齢化の進展で、今後もさらに増加が見込まれ、2040年には1000万人近い数になると推計されている。

その中で、介護ヘルパーを柔軟に手配できるサービスがある。どのようなサービスか？

第2章 顧客の視点

HINT!

すべての人に当てはまるもの……？

介護ヘルパーと生活支援が必要な人のマッチングサービス

　株式会社クラウドケアの「Crowd Care」(https://www.crowdcare.jp）は、介護保険外で、介護ヘルパーに生活支援を依頼できるマッチング型のクラウドサービスです。

　通院付き添い、院内介助、日中・夜間の見守り、家事手伝いなどのサービスを提供し、すべてのサービスを同一料金で提供しています。

　個人間の取引は、いわゆる仲介ビジネスの個人特化型です。

　たとえば、**繰り返し利用するもの（移動、介護など生活の一部が多い）をテーマにすることで、安定した手数料**を得られます。

　提供されるリソースは個人所有のため、その用意や保管を考える必要はありません。

　個人間ビジネスの裏側にある顧客心理は主に2つです。

①なるべくコストをかけたくない（企業を通さないことで、その分、費用を減らせます）。

②無駄をなくしたいが、できれば、それを活かしたい（誰かが同じ価値を感じているはず、と考えてしまう心理）。

発想のコツ　近年、フリマアプリのメルカリ、ハンドメイドマーケットの Creema など、一般の人が一般の人に商品やサービスを提供できる環境が広がっています。これまで企業が主体となっていたサービスは山ほどあります。そんなときは、こう考えてみましょう。

・**個人間取引に置き換えることができないか？**

POINT

既存サービス × 個人間

[例] 送迎や託児のシェアアプリ「子育てシェア」（株式会社 AsMama）
自宅の駐車場の貸出「おうち de パーキング」（株式会社アズーム）

Q

無意識に壁を作っていないか？

厚生労働省によると、離職率が多い業種は、1位「宿泊業、飲食サービス業」、2位「その他サービス業」となっている。

サービス業に限らず、近年、新卒採用者や中途入社の人が退職するケースが増え、企業にとってリスクとなっている。

その中で、社員満足度を上げるため、オフィスで心と体を解きほぐすサービスをする企業がある。どんなサービスか？

もみほぐし

HINT!

忙しくて、行く暇がないものと言えば……？

株式会社イーヤスの「オフィス de リラックス」(https://www.e-yasu.jp/) は、企業の福利厚生として提供できる訪問型マッサージサービスです。

業界経験 5 年以上のプロの施術師が企業に出向き、社員の健康維持やストレス軽減をサポートします。

PC 作業で疲れた目や肩こりなどを癒すことができるほか、ヨガやストレッチのレクチャーも提供し、社員が自分の健康状態を把握し、セルフケアの意識を高めることができます。

「法人」が顧客になると、いわゆる**ストック型の売上を期待できます**。税理士や監査法人などの士業、コピー機などと同じです。

法人の場合、一度契約さえできれば、一定期間、売上を見込め、個人よりも高い価格設定が可能です。

発想のコツ　商売相手は、基本的に法人か個人のどちらか。

それぞれニーズは異なるため、どちらを顧客ターゲットにするかは、ビジネスの初期段階では重要です。すでにマーケットが存在する商品・サービスの場合は、既存の顧客を狙うのが一つの戦略になる一方、あえて、別の顧客を狙うという選択肢もあります。

そこで、こう考えましょう。

・**法人は、本当にこのサービスを必要としていないか？**

仲介

Q

実はコミュニケーションが不足？

　自身のスキルを磨き直す、新たなスキルを身につけるといった考え方のリスキリング。米Amazonは、従業員10万人のリスキリングを発表。企業にとって社内人材をどう活かすかが、喫緊の課題となっている。

　こうした中、社内のコミュニケーションを活性化するサービスがある。どのようなサービスか？

HINT!

一般的なマッチングサービスを社内向けに転用したら……？

コミューン株式会社の「commune for Work」（https://commmune-work.com/）は、社内やパートナー企業とのコミュニケーションを強化するための社内向けのコミュニティプラットフォームです。

ベネッセコーポレーションや関西電力などが取り入れています。

物理的な距離や雇用形態、契約関係などの**垣根を超え、効果的な社内外のコミュニケーション**を実現しています。

社員数10人を超えると、社内で複数のグループが形成されると言われています。すると、グループだけの知見が生まれる場合があります。本来なら社内で解決したはずの問題が外部の力を借りないと解決できなくなったり、結局放置する羽目になったりします。

事例は、そうしたロスを「仲介」で解消するサービスです。

発想のコツ　意外にも、「社外より社内のほうが相談しにくい」という傾向があります。

「こんなことを聞いたら、悪い評価を受けてしまうかも」

「悪い評判が誰かに伝わってしまうのではないか」

こうした躊躇が背景にはあります。もちろん、対社外でも似たようなことは生じています。そこで、こう考えてみましょう。

・**困っている人と、解決策を持つ人を、つなげられないか？**

POINT

既存サービス ✕ 仲介

［例］官民連携の最初の一歩をサポートする「官民クラウド」
貸切レンタルスペースを検索できる「スペースマーケット」

Q

新しいものは
すべていいものか？

　2022 年の音楽ソフト（オーディオレコード＋音楽ビデオ）総生産は、2019 年以来 3 年ぶりの 2000 億円超えでした（参考：一般社団法人日本レコード協会）。特に、音楽配信売上は前年比 117% で、9 年連続で増加。

　デジタル化一辺倒かというと、そうでもない。デジタルの時代に「昔らしさ」に着目して開催されるイベントとは？

HINT!

さまざまな楽しみを味わえる……？

　株式会社アークライトの「ゲームマーケット」（https://gamemarket.jp/）は、日本最大級のアナログゲームイベントです。アナログの定義は「電源を使用しない」こと。

　会場では、出展者が製作した、さまざまなジャンルのボードゲームやカードゲーム、テーブルトークRPG、シミュレーションゲームなどが販売されています。

　「アナログ」など趣味の顧客は、**一般商品の顧客に比べて、リピーター化や高単価設定がしやすい傾向**があります。商品開発においても、趣味層にヒットする商品を作れたら、それを別の層へ横展開することで、新たな収益機会を創出することもできます。

　競争が激しいマーケットですが、アナログという特殊市場ゆえに、独自性の高いサービスや商品開発の余地も残っています。

発想のコツ　人がアナログに惹かれる理由の1つに、「社会的なつながり」があります。日常での、会社や学校だけではなく、別のつながりを求めているわけです。SNSや交流サイトなどのデジタルなつながりではなく、もっとリアルなつながりを求めているのです。

　その裏側にあるのは、「心理的な空虚さの穴埋め」。そこで、こう考えてみましょう。

・**あえて物理的なもので、心のスキマを埋められないか？**

POINT

既存サービス ✕ アナログ

［例］DIYサポートの「DIY FACTORY」（株式会社大都）
　　　個人のハンドメイドが買える「minne」（GMOペパボ株式会社）

ペット

Q

見落としている顧客は いないか？

　右肩上がりで成長を続けるペット市場。

　多様化・拡大するペット市場のニーズに応えようと、各社さまざまな新商品を打ち出している。需要は旺盛で、少々高価なものでも売れる市場となっている。

　そんな中、ペットとの移動をサポートするサービスが登場。どのようなサービスか？

HINT!

比較的自由度のある公共交通機関といえば……？

ペットと乗れる
タクシー配車サービス

三和交通株式会社の「ペットタクシー」（https://www.sanwakoutsu.co.jp/special/vol_005.html）は犬や猫、小動物といったペットと一緒に乗車可能なタクシーサービス。

主には動物病院や美容室の利用、高齢でペットとの遠距離移動が困難な飼い主が顧客に想定されます。ペットだけでの乗車も可能。

ペットビジネスは、新型コロナウイルスの影響で増加した「おうち時間」により、**ペットに癒やしを求める人が増えたことで市場が拡大**しています。

特にペットを家族の一員とする意識が高まり、ペット保険や高付加価値ペットフードなどの商品・サービスの需要が伸びています。

また、ペットの長寿命化により、健康関連サービスや動物病院の需要も増加しています。

発想のコツ　人間向けに提供されているものは、次々にペット向けに加工されています。移動手段も同様です。

ペットは自身の足か、飼い主が運ぶ以外に移動手段を持っていません。そこで、「ペット向け（人と同じように）に移動手段としてタクシーを提供できるだろうか」という問いから生まれたのがペットタクシーです。そこでこう考えてみましょう。

・**自社の製品やサービスも、ペット用にできないか？**

POINT

既存サービス ✕ ペット

［例］ペット向けリハビリ・フィットネス「WANCOTT」（株式会社シブヤテレビジョン）
猫可物件専門の賃貸サイト「ねこべや.com」（リックス・ジャパン株式会社）

育児

Q

「あると便利」
なことは？

　子供の数が減っている。夫婦の理想な子供数の調査によると、「育児」にかかる金銭的、身体的、時間的な負担が子育ての大きな障害となっていることがわかる。

　そんな中、保育施設に子供を預けるとき、ある物を用意しなくてもよくするサービスがある。ある物とは？

HINT!

幼少期に欠かせないものといえば……？

BABY JOB 株式会社の「手ぶら登園」（https://tebura-touen.com/）は、保護者がおむつなどを持参する手間をなくすサブスクです。

毎月定額料金を支払うだけで、必要な枚数の紙おむつとおしりふきが保育施設に直接届き、おむつに名前を書いたり、個別管理する手間がなくなります。サイズや枚数に関係なく、何枚でも使い放題。

2019年のサービス開始後、**約3年半で3300施設、利用者数10万人を超えています。**

「育児」に関わると、事業者は、子育て中の家族と深い関係構築ができます。子供たちの成長という喜びを分かち合ったり、子育ての悩みを相談されたりすることで、リピーター獲得や顧客単価の向上につながります。

日本だけでなく、中国や東南アジアなどの新興国市場においても育児に関するニーズが高まっており、海外進出の可能性もあります。

発想のコツ　子育ては大変です。その大変さの根源にあるのは、「自分の子供には、親である自分に全責任がある」「誰かに任せて、うっかり何かあったら困る」などの心配があります。

でも、だからこそ、「誰かに手伝ってもらえるなら手伝って欲しい」という気持ちも。そこで、こう考えてみましょう。

・**「別に自分たちでなくてもいいこと」は何だろうか？**

POINT

既存サービス × 育児

［例］育児・保育のプロを派遣する「ベビーシッター派遣」（株式会社アルファコーポレーション）
ビーガン・グルテンフリー給食の保育園（株式会社育児サポートカスタネット）

罪悪感

Q

その人が持つ
ネックは何か？

　男性も女性も働く時代。女性はさまざまなことを感じている。たとえば、ある種の罪悪感、「もっと家事をすべきだ」「夫に負担をかけている」といったこと……。ハイテク機器も次々に登場しているが、値段は決して安くない。

　そんな中、料理の罪悪感をグッと減らす安価な商品がある。どのような商品か？

HINT!

簡単に作れてしまうけど、美味しい……？

お店で食べる生麺のような「袋麺」

東洋水産株式会社の「マルちゃん正麺」（https://www.maruchanseimen.jp/index.html）は、もちもちとした食感が特徴の袋麺です。

2011年の発売ですが、**わずか1年で2億食を売上、累計では20億食以上を売り上げています。**

通常のフライ麺とは異なる、生麺に近い食感を生み出す「生麺うまいまま製法」がその秘密で、100度以上の熱風で段階的に時間をかけて乾燥させ、モッチモチでコシのある麺を実現しています。

なかなか家でおいしいご飯を作る時間がないという人のニーズをうまくとらえ、その罪悪感を解消した商品です。

罪悪感は多くの人が抱える普遍的な感情です。それを解消したいというニーズは常に存在します。そこで、精神的な安定や幸福感に繋がる商品を提供することで、そのニーズをキャッチするのです。

発想のコツ　人が罪悪感を覚えるのは、他者に対して迷惑をかけた（かけそうになった）ときです。

つまり、だれかと何かを一緒にするとき、もしくはだれかに対して何かをするときなどに発生します。

そこで、こう考えてみましょう。

・**人と何かをするシーンには、どのようなものがあるか？**

POINT

既存サービス ✕ 罪悪感

［例］無駄遣いを見える化するアプリ「無駄遣い帳」
野菜の長持ちさせる「鮮度保持袋キッチンポリ」（株式会社クルー）

三日坊主

Q

真の原因は
どこにあるか？

　ロンドン大学の調査では、習慣化に要する期間は 18 〜 254 日と幅があるという。たとえば、昼食時に水を飲む習慣化には約 18 日、毎朝腹筋を 50 回する習慣化には 254 日必要という結果が出ている。

　このほとんどの人にとって難しい習慣化を、ある方法で解決したサービスがある。どんなサービスか？

三日後

第2章

顧客の視点

エーテンラボ株式会社の「みんチャレ」（https://minchalle.com/）は、同じ目標を持つユーザー同士が、毎日挑戦した内容をチャットで報告し合いながら「習慣化」に取り組む習慣化アプリです。

ユーザー数は 120 万人を超えており、Google Play ベストアプリに3 回選ばれています。

三日坊主克服を対象としたビジネスは、継続的な利用が前提となっているため、例えば事例のようなアプリの場合、認知度の向上やスケールをしやすいという特徴があります。

ほかにも、対象がほぼ全世代になるので、多くの顧客を狙えます。カテゴリーによっては、ある程度性別や年代を選ぶものもありますが、それでも大きな市場を保有していることに変わりありません。

ただし、参入障壁が低いため、その分競合（ダイエットなど）が多くなりやすい点もあります。

発想のコツ　三日坊主の対象となるビジネステーマはほぼ決まっています。美容、勉強、日記、整理・片付けといったもの。

共通点は、「継続性を必要とする」「すぐに結果が現れない」「成功する人としない人が明確にいる」といったことです。

そこでこう考えてみましょう。

・**継続したいけど、できずに困っている人はいないか？**
・**このサービスで、継続できる人を増やせないか？**

POINT

既存サービス ✕ 三日坊主

[例] 写真を貼れる日記帳ダイアリー「シンプル日記」（株式会社コモレビ）
体重記録で痩せるダイエット「SmartDiet」（株式会社コモレビ）

ギ フ ト

Q

顧客の先には
誰がいる？

近年、豪雨などの災害が毎年、ニュースを賑わしている。

そうした背景を受け、一般家庭でも、防災グッズの準備の必要性がうたわれているが、まだまだ何をどう準備するのがよいか、決まっていない家庭も多いだろう。

そんな中、大切な人を守りたい人のために、ある企業が始めたサービスとは？

第2章　顧客の視点

自分でお金を払うのはちょっと……？

株式会社KOKUAの「ライフギフト」（https://lifegift.jp）は、防災グッズや備蓄できる食品だけを集めたカタログギフトです。「誰かの無事を願う」という気持ちで、プレゼントができます。

防災グッズをただ贈ろうと思っても、相手が必要としていないもの、相手の好みに合うものはなかなかわからないものです。その気持ちをうまく拾ったサービスです。

ギフトにすることで、**「自分では買わないけど、ほしかったもの」を買うハードルを下げる**ことにつながります。受け取った相手がそれを喜んでくれたら、当人が購入するきっかけにもなるでしょう。

商品としても、贈り物の場合、多少高価にしても販売に影響はありません。むしろ、高価なほうが喜ばれる場合もあります。つまり、高い利益率を見込むことができます。もちろん、それに合うブランド化やサービスなどは欠かせませんが。

発想のコツ　前提として、「購入する人＝使う人」というステレオタイプから離れる必要があります。ビジネスとして成立するのであれば、費用を負担する人が別でもいいからです。

そこで、こう考えてみましょう。

・**自分ではお金を払わないが、もらえるならもらいたい物は？**
・**タダならほしいものは？**

POINT

既存サービス ✕ ギフト

[例] 知識と学習を贈る「学びのカタログギフト」（株式会社東京リーガルマインド）
家事代行サービスに使える「CaSy ギフトカード」（株式会社 CaSy）

Q

ほかにも
使いたい人がいないか？

　2023年1〜12月の出生数は過去最少の75万8631人。つまり、子供の数は今、どんどん減っている。

　だが、奇妙なことに、子供にかける養育費は増加傾向に。充実した教育を受けさせたい親心がある。

　そんな中、これまでは大卒ビジネスパーソン向けと考えられていたサービスが子供向けとしてスタート。それは何か？

第2章　顧客の視点

HINT!

プロ経営者になるための登竜門といえば……？

株式会社 CEO キッズアカデミーの「CEO キッズアカデミー」（https://ceokidsacademy.jp/kodomokigyo/）は、子供向けビジネススクールです。

大人が通うビジネススクールと同様に、ビジネスの仕組みやブランディング、利益とは何かを学び、ビジネスプランコンテストの発表までをカリキュラムに組み込んでいます。

2018 年にスタート後、延べ 2000 人以上が受講しています。

少子化で見落とされがちですが、**子供一人にかけるお金の総額は、増加傾向**にあります。「もっといい教育を受けさせたい」「色々な体験をさせたい」という親の熱意が背景にはあります。

子供へのサービスや商品がそのまま売上になることはもちろん、子供のうちから慣れ親しんだものは、大きくなってからでも利用してくれる可能性が高まります。いわゆるマクドナルド方式です。

発想のコツ　一般化されたもの（大人向け）はすべてこの切り口の対象になりえます。自分自身が今、お金を払ってまで購入しているサービスだからこそ、子供にも受けさせたいと考えるものです。

そこで、こう考えてみましょう。

・**大人はこのサービスのどこに魅力を感じているのだろうか？**

POINT

既存サービス ✕ 子ども

［例］こども専門オンライン英会話「ECC オンライン kids」（株式会社 ECC）
こども・中学・高校生向けの「芸術鑑賞」（公益財団法人新国立劇場運営財団）

大人

Q

使わない理由は何だろう？

　厚生労働省によると、2060 年には日本の総人口は 9000 万人を割り込み、高齢化率は 40％近くになる予定だ。

　つまり、消費の主体は徐々に高齢化している。だから、大人向けにサービス・商品を充実させていきたい。

　そんな中、子供向け商品を、大人向けにすることで成功した商品がある。どのような商品か？

株式会社サクラクレパスの「クレパス　スペシャリスト36色」(https://www.craypas.co.jp/products/painting-school/010/0024/876341.html）は、高級顔料を使用し、鮮やかでムラのない発色と耐久性、使いやすい着色性を持つ、専門家ニーズに応える最高品質のクレパスです。

クレパスといえば、子供が塗り絵やお絵描きに使う道具として定番ですが、大人でも使える商品に仕上げました。

昨今は、脳活の一貫で大人も塗り絵に積極的になっており、そのニーズをうまく捉えた商品といえるでしょう。

子供向けの商品を大人向けに展開すると、子供市場ですでに認知された既存のデザインや開発リソースを有効活用することで、効率的なビジネス展開が可能になります。

レトロブームやノスタルジアのトレンドを活用することで、ブランドのリバイバルを図ることも可能です。

発想のコツ　従来の子ども向けの商品やサービスには、新しい切り口やユーザーの獲得が欠かせません。

そこで考えたいのが「大人向け」です。当然、子供とは異なり、多面的な判断力を持っています。そこで、こう考えてみましょう。

・**どうすれば、成熟した大人が納得するか？**
・**どのような機能や価値、パッケージが大人にウケるか？**

POINT

既存サービス ✕ 大人

［例］大人のための絵本「処方箋」株式会社クレヨンハウス）
　　　大人向け「レゴ」（LEGO）

シニア

Q

隠れたニーズは
何か？

　幼児から子供、青年、そして大人へ……。誰もが通る道だが、長寿命化によりその先にシニアがコア層になっている。

　シニアになると身体の衰えや体調不良で、それまでとは違うライフスタイルに変化していく。

　そのニーズに応えようと、健康体になるための専門スタジオを始めた企業がある。どのようなスタジオか？

第2章　顧客の視点

HINT!

シニアならではの目的とは……？

株式会社ラスタイルが運営する「シニアプログラム」（https://www.last-style.com/senior/）は、シニア向けパーソナルトレーニングです。

筋肉トレーニング、ストレッチ、食事指導を組み合わせた健康寿命増進のためのプログラムを提供。

顧客ターゲットをシニアに絞ることで差別化を実現。

65歳以上のいわゆる**シニア層の市場規模は2040年頃まで増加傾向が続き、一説には100兆円規模になるとも言われています。**

また、助成金や補助金の対象になるケースが多いことも市場環境としての利点です。

従来からのシニア像と異なり、「アクティブシニア」の言葉の通り、スマホやタブレットなどのデジタルガジェットを普通に使うことに留意が必要です。

発想のコツ　あらゆるビジネスカテゴリーがこのビジネスアイデアの対象になりえます。例えば、現在10代、20代向け、学生向けに提供されている商品やサービスをシニア向けにできないかと考えてみましょう。

「シニア向けだから、こうしないといけない」といったステレオタイプには要注意です。こう考えてみましょう。

・**シニア層が必要としていることは何か？**

POINT

既存サービス ╳ シニア

［例］シニア専門の転職サービス「シニアジョブエージェント」（株式会社シニアジョブ）
　　　シニア層・中高年の熟年結婚・婚活・お見合いサポート（株式会社アイ＆リンク）

Q

対象外の人を
顧客にするには？

　成熟したビジネスは、上級者、リピーターの獲得に重きが置かれがち。利益率が高く、売上も伸ばしやすいからだろう。

　だが、事業拡大には、新たな顧客が欠かせない。

　そんな中で、印象的な CM で有名になった RIZAP グループが新しいジムを始め、新たな顧客を掴んだ。どのようなジムか？

HINT!

体を鍛えることだけが目的ではない……？

「初心者」でも通いたくなる エンタメが豊富なコンビニジム

RIZAP グループ株式会社の「チョコザップ」（https://chocozap.jp）は、月額 2980 円で全店舗使い放題のフィットネスジムです。**わずか 2 年で会員数は 120 万人を超えています。**

ランドリーやセルフエステマシンなども設置されており、いわゆる「ジムに通い慣れた人」以外が通いやすい作りになっています。コンビニジムの愛称でも知られています。

フィットネスジムも一見すると、運動をする場所というシンプルなイメージがありますが、世界的に有名なゴールドジムなどをはじめ、どこか専門的な印象もあります。

初心者向けにビジネスを展開すると、学習段階の初期からかかわることで、信頼関係を築きやすいため、長期的な利用が期待できます。

一方、あまり高い価格設定はできません。できるだけリスクを取りたくない、失敗したくないという心理が経験者に比べ高いためです。

発想のコツ　わかりやすい、使いやすい、すぐにできるという「簡単さ」は、そのまま価値があると認識されやすい傾向があります。

本格的な準備をして向かう場所ではなく、ついでに立ち寄れる場所というイメージが顧客を惹きつけることにつながります。

そこで、こう考えてみましょう。

・**何かのついでに利用できる環境にできないか？**

POINT

既存サービス ✕ 初心者

［例］初心者向けプログラミング学習「progate」（株式会社 Progate）
初心者向け「サーフボード」（SURFBOARD BANK）

女性

Q

すぐ近くのニーズに
気付けるか？

　シェービングといえば、男性のヒゲ剃りのイメージが強い。床屋でさっぱりとヒゲを剃ってもらう男性の姿は、刑事ドラマなどでもお馴染みだ。

　だが、体毛は、男性だけの問題ではない。

　男性のヒゲ以外を剃ることに特化した商品がある。何に特化した商品か？

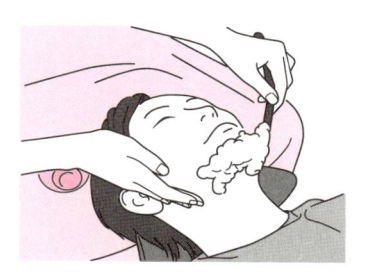

第2章

顧客の視点

HINT!

シェービング＝ひげ剃りだけではない……？

シック・ジャパン株式会社は「女性向けシェービング用品」（https://schick.jp/collections/womens）を展開しています。

日本市場においては、**女性向けシェービングの実に7割のシェアをシック・ジャパンが占めています。**

ソープが付いており、水をつけるだけで泡立ち、剃りやすい4枚刃のカミソリの「クアトロ4 フォーウーマン」といった女性向けの商品群です。

男性向けだった商品を新たに女性向けに展開することで、新商品の開発ではなく、横展開によって、手間なく、顧客を開拓できます。

女性向け商品の提供により、ブランドの多様性と認知度が高まり、競合他社との差別化も図れます。ジェンダーに関係なく商品を展開する姿勢は、単なる商売としてだけでなく、企業の社会的責任（CSR）の一環として社会的評価の向上にも貢献します。

発想のコツ ジェンダーレス商品が登場するようになり、多くの商品やサービスで性別の垣根がなくなりつつあります。

ただ、女性向けにするうえで、男性とは異なる価値観を持っていることは重要なポイントです。

そこで、こう考えてみましょう。

・**女性がその商品を使っていて、他者から思われたくないことは？**

POINT
既存サービス ✕ 女性

［例］女性専用カプセルホテル「秋葉原ベイホテル」（株式会社シー・ヴイ・エス・ベイエリア）
女性専用スパ「砂塩風呂バシルプティ」

男性

Q

男性の要素を
加えられないか？

　男女平等の度合いを示すジェンダーギャップ指数。日本は、2006年の第1回が115カ国中80位で、下落傾向が続き、2023年は125位で過去最低の順位だった。

　性差への意識がまだ強いのが実情なのだ。その中、その男女の違いに注目して登場した新商品がある。どんな商品か？

第2章　顧客の視点

HINT!

一人暮らしの女性が感じる不安……？

男性の声で応答する玄関インターフォン

ライソン株式会社の「応答くん」（https://www.lithon.co.jp/product/others/ksvc001/）は、インターフォンや電話越しにボタンを押すと、男性の声で応答するデバイスです。

「はい」「違います」「ありがとうございます」など 16 種類の応答が可能で、女性の一人暮らしや高齢者世帯、子どもの留守番時など、防犯上の不安があるときに、トラブルや不安を防ぎます。

男性の要素を取り入れることで、**ライフスタイルや嗜好に合わせた製品やサービスを提供**することができます。

男性向け商品を女性向けにしたように、女性向け商品を男性向けにするという方法も有効です。化粧品などで男性ユーザー間のコミュニティを構築できれば、長期的な顧客を獲得できる可能性があります。

発想のコツ ジェンダーギャップが根強いというのは、社会にとって決してプラスの要因ではありませんが、ビジネスチャンスでもあります。

そこで、こう考えてみましょう。

・**このサービスに男性的要素を付加したら？**
・**男性もこの商品を使いたいだろうか？**

POINT

既存サービス ╳ 男性

[例] 男性の隠れ家「メンズドンキ」（株式会社ドン・キホーテ）
男性向けミシン「TOKYO OTOKO ミシン」（株式会社アックスヤマザキ）

Q

減らすと
どうなるか？

就職活動といえば、毎年必ず、学業との両立が議論にもなる。人によっては9カ月以上、続けている場合もある。

その間、学生の主な収入源であるアルバイトに費やせる時間が削られている。

そうした悩みに着目して誕生したサービスがある。どんなサービスか？

HINT!

1日中、人が必要なわけではない……？

スキマ時間で働ける
バイトが見つかるサービス

株式会社タイミーが運営する「タイミー」（https://timee.co.jp/）は、「予定がなくなった」「すぐにお金を稼ぎたい」という人向けのスキマ時間に働けるバイトアプリです。面接や履歴書の準備が不要のため、思い立った時にすぐ働ける点が、好評です。

登録企業数は3万社以上で、上場も果たしています。

事例では、「スキマ時間」という限定された時間に注目しています。たいていアルバイトといえば、短くて丸1日の拘束、長ければ1週間、1年、無期と、まとまった時間が必要となります。

そこに、「ちょっとしたスキマ時間で稼げる」というのは、忙しい学生のニーズにピタリとハマったといえるでしょう。

商品やサービスは充実していれば充実しているほどいいと考えがちですが、「限定」することで、ニーズを捉えられる場合もあるのです。

発想のコツ　どのような人であれ、ある程度の決まった時間を確保してもらうことはそもそも難しいのが本来です。

飲食店の張り紙などを見ていると、「お昼限定」「早朝限定」など、忙しいランチ時や早朝の仕込みに限定したアルバイトを募集していることがよくあります。

そこで、こう考えてみましょう。

・**繁忙のタイミングだけカバーしてもらうには？**

POINT

既存サービス ✕ 限定

［例］大学生のための時間割アプリ「すごい時間割」（株式会社リクルート）
大学生のためのウェブメディア「ガクセイ基地」

Q

横並びの罠に
気づけるか？

　個人の嗜好は昔に比べて、多様化している。特に、SNS
の登場以降、同じ趣味の人と簡単につながることができる
ようになり、さらに拍車がかかっている。

　そのため、大衆向け商品では新たな需要の開拓が難しい。

　そんな中、ある企業はパーソナライズすることで人気を集
めている。どんなサービスか。

第2章　顧 客 の 視 点

HINT!

自分に合った服装を見つけたい……？

「airCloset」（https://www.air-closet.com/）は、ファッションレンタル＆サブスクのサービスです。

2015年2月のサービス開始後、**100万人が登録しています。**

約50項目の無料診断から導き出されるスタイリングカルテをもとに、様々なジャンルから、ある日の服装を提案してくれ、服を届けてくれます。

パーソナライズは、顧客との関係を強力に高めてくれます。

事例のように、継続的なやりとりで少しずつ調整を重ねることで信頼関係を築きながら、最終的にその顧客ならではのサービスを提供することができるからです。

強い関係性が出来上がることで、別の商品やサービスの提供が行いやすくなるメリットも生まれます。

発想のコツ　大衆化されたサービスがこれまでの基本。そのサービスを個人に特化させたらどうなるか。

食品や衣料など特に日用品カテゴリーでは多くの大量生産品がありますが、できるだけ自分の体質やライフスタイルにあったものを探す人が増えました。

そこで、自社のサービスについて、こう考えてみましょう。

・**特定個人向けに提供することはできないだろうか**
・**個人の好みにパーソナライズしたら、どうなるだろう？**

POINT
既存サービス ✕ パーソナライズ

［例］セルフメイクアップブランド「MN」（株式会社伊勢半）
　　　体に合う食事が届く「GREEN SPOON」（株式会社 Greenspoon）

非 タ ー ゲ ッ ト

Q

隠 れ た 顧 客 は
誰 か ？

　成人1人当たりの酒類消費量は、1992年度の101リットルをピークに減り続けている。

　背景には、健康ブーム、若い世代の酒離れ、高齢化に伴う飲酒量の減少など、さまざまある。

　そんな中で、今までとは違うドリンクを提供するBarが登場した。どんなBarか？

HINT!

飲まない人が Bar に行かない理由……？

「0% NON-ALCOHOL EXPERIENCE」(https://www.0pct.tokyo/)
は、日本初の完全ノンアルコールドリンク専門のバーです。

　ニューヨークやロンドンには、ノンアルコール専門の Bar があるの
ですが、日本には完全ノンアルコールの Bar がありませんでした。

　お酒でもない、ソフトドリンクでもない、新しいタイプのドリンク
を提供。食事はヴィーガン対応で、健康的かつ倫理的。

「非ターゲット」を狙うことで、社会に新たな価値を提供することが
できます。

　新規顧客を獲得する方法はいろいろありますが、事例は近年、社会
的に注目されるキーワードを、それとは相容れない Bar という概念と
組み合わせることで、「ノンアルコールドリンクが世の中に浸透した」
という強いメッセージを送り出しています。すると発信者は、特別な
存在へシフトすることができます。「0% NON-ALCOHOL
EXPERIENCE」も多くのメディアの取材を受けています。

発想のコツ　ターゲット外の層は、その商品やサービスに興味がない
と思われがちですが、必ずしもそうではありません。事例のように、お
酒が苦手でも、Bar のような場所に興味を持つ人も存在します。

　そこで、こう考えてみましょう。

・**非ターゲットが感じている価値とは何だろう？**

POINT

既存サービス ✕ 非ターゲット

[例] 住宅ローンが組めない人向けの家賃制度「MINORU」（株式会社 Minoru）
自転車の洗車「プレミアムバイクウォッシュ」（SENSHA Bicycle Japan 株式会社）

用途の視点

物品やサービスが
どのような目的のために使われるのか、
どのような場面で活用されるのか。
それを説明する言葉が、「用途」です。

例えば、
ペンの用途は「書くこと」、
掃除機の用途は「掃除をすること」、
その物品が持つ機能や目的に基づいて用途が決まります。

重要なことは、
物品やサービスがどのように価値を提供するか、
消費者がその商品やサービスを選ぶ理由になることです。

そんな用途を導き出すための
22 の視点が、ここでは登場します。

目的

Q

他に実現したいのは何か？

　世帯主が65歳以上の世帯数は2025年には、約1840万世帯に増加する見込みだ。

　これを受け、介護・福祉を中心とした事業が活発になり、介護ホームや関連する新商品が次々に登場している。

　その中で、おむつに「ある機能」を加えて、注目されている商品がある。どんな商品か？

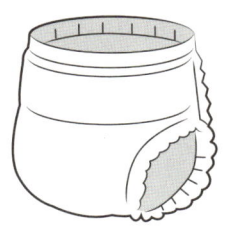

HINT！

「おむつ＝足腰で履くもの」と考えてみると……？

歩くのが楽になる
歩行をアシストするおむつ

ユニ・チャーム株式会社の「歩行アシストパンツ」は**スムーズな歩行をサポートする機能性おむつです**。骨盤周りをしっかりとサポートする機能と股下部分が伸びる機能があることで、大きな歩幅でもパンツが邪魔をしません。

発売後、多くの消費者に受け入れられ、わずか2年で改善版の新商品が発売されています。

おむつ本来の機能である「尿漏れ防止」とは別に、付帯機能として「歩行サポート」を追加したことで、見事な差別化が実現しています。

事例の商品は大学との共同開発の結果、生まれた商品であるため競合の参入が難しい市場で（確実に被らない）、安定した売上も期待できます（もちろん、低価格による参入の恐れはありますが、医療系の商品は常に先駆者に信頼感があります）。

発想のコツ　いわゆる「おむつ」を履くことに抵抗のない人はまずいないでしょう。しかし、その目的が「尿漏れ防止」ではなく「歩行補助」なら、利用者の内的な了解が得やすくなります。

本来の機能はそのままに別の機能を追加し、目的をずらすことで、商品に新たな魅力を付加できるのです。

こう考えてみましょう。

・**利用者が他に困っていることは、何だろうか？**

POINT

既存サービス ✕ 目的

［例］聴診の訓練専用スピーカー「聴くゾウ」（株式会社テレメディカ）
　　　電気のONを通知する「ハローライト」（ハローテクノロジーズ株式会社）

即 時

Q

心の中の声を
発見できるか？

　給与支払いシステムには、信頼と実績が求められるため、実績のある既存企業が市場優位を持ちやすい環境にある。

　一方、最近はクラウド会計など、新たな視点を持ち込むことでシェアを延ばしている企業もある。

　その中、オンラインの仕組みを使って珍しい給与支払い方法を始めた企業がある。どんなサービスか？

HINT!

一部の業界では、昔からよくある支払い方法といえば……？

給料日を待つことなく日払いで給与を受け取れるサービス

　株式会社 BANQ が運営する「ほぼ日払い君」は、給料日を待つことなく、働いた分だけ給与を受け取れるクラウド型サービスです。企業は、福利厚生の一貫として導入できます。

　2016 年のサービス開始後、日払いニーズの高まりに後押しされ、**2018 年単年で導入企業数が約 8 倍強に増加**しています。

　利用には、専用サイトを使います。ログイン後、利用可能額を確認できるので、必要な額を申し込むだけ。土日祝日を問わず、24 時間 365 日、いつでもリアルタイムに指定した口座で受け取りが可能です。

　日払いが実現すれば、従業員は、急な出費などの際にお金をどこかから借りるのではなく、すでに働いた分の給料を引き出すことで工面できます。

　「日払い」によって人材募集力の強化、さらに従業員満足度も上がり「定着率」向上につながります。特に昨今、増加している外国人労働者は日払いニーズが強い傾向があります。

発想のコツ　テレビ会議や動画配信など、「待ち時間なし」だけで、サービスとしての価値を高めているモデルはたくさんあります。

　「待ち時間」は、今や企業にとってリスクなのです。そこで、こう考えましょう。

・**提供時間や手間を、IT の力で減らせないか?**

POINT

既存サービス × 即時

［例］オンデマンド交通「チョイソコ」（株式会社アイシン）
　　　オンライン研修「etudes」（アルー株式会社）

万能

Q

一つに
まとまらないか？

　世の中には便利なものがあふれている。特に、昨今は100円ショップの登場もあり、気軽に購入する環境も整った。

　だが、「物があふれる」という問題が発生している。普段使わないけど、いざという時に必要なものをコンパクトにしまいたい。

　こうした点に着目して登場した便利ツールとは？

第3章　用途の視点

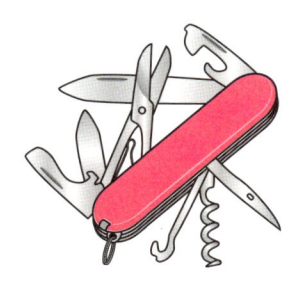

HINT!

サバイバル道具ではよくある……？

開梱からナット回しまでできる 薄型「万能」ツール

株式会社ツカダの「キークエスト」（http://www.t-k-d.co.jp/key-quest/）は、キーホルダーに携行できる 6in1 の鍵型便利ツールです。

1つで、ダンボールカッター、糸切り、栓抜き、マイナスドライバー、ナット回しの6役を果たす。これが手元にあれば、カッターやハサミをその都度、探す手間が省けます。

これまでも万能ツールはありましたが、厚みがあったり、変形が面倒だったりするものが中心でした。ですが、キークエストは、鍵と同じ薄さで、いちいち変形の必要がなく、用途に合わせた持ち方に変えるだけで、さまざまな機能を使えるのです。

「万能」であることは、顧客に圧倒的な便利さを提供できます。

たいていギフト商品としても人気があります。普通の商品を贈るよりも、もらった人が驚き喜ぶ姿が想像できるからでしょう。そこから新たな顧客を獲得するきっかけにもなります。

発想のコツ　世の中には新しい商品やサービスが次々に登場していますが、徐々にニーズが満たされ、そのうちに飽きられてしまうもの。

でも、一度売れた商品には必需品としての価値があるものです。

そこで、こう考えてみましょう。

・ 他の機能と組み合わせることで、新たな価値を生み出せないか？

・ 一部を改良して、別の機能を付けられないか？

POINT

既存サービス ✕ 万能

［例］何にでも使える万能タレ「なんでもごたれ」（株式会社トキワ）
A3 にも A4 にも使える「ペーパージャケット」（バタフライボード株式会社）

Q

選択肢を手放すと どうなるか？

　自動販売機の普及台数は、2000 年を境に現象し、現在は 400 万台前半まで減少している。

　自動販売機は飲料メーカーの重要な収入源だが、コンビニが増えたことで買える場所は多様化。

　その中、自動販売機に並べる商品にある工夫をすることで、自動販売機を普及させている企業がある。何をしたか？

第3章
用途の視点

自販機本体と中身は別……？

　株式会社 JiHAN の「ど冷えもん」（https://x.gd/MCzIA）は、40万円で設置可能な冷凍自動販売機です。2000万個以上売れた全国の多様なブランドの餃子を販売できるほか、自社商品や他の商品も販売可能。

　自動販売機の商品ラインナップは従来、設置を委託しているメーカーがその選定権を握っていました。

　一方、事例では設置者が売れ行きを分析しながら、商品の入れ替えを行うことができます。自販機を商品棚のように試行錯誤することで、売上の増加、近隣自販機との差別化が図れます。

「カスタマイズ」が可能になると、顧客は選択肢の幅が広がり、事業者もマーケティングの手間を省くことができます。

発想のコツ　「これはこういうもの」という決まったものが世の中にはたくさんあります。

　自販機もその一つです。メーカー主導で、メーカーが売りたいものを並べて売るものでした。自販機設置にかかる初期コストはメーカーが持つため、どうしてもそうなりがちです。

　そんなときは、こう考えてみましょう。

・**こうである必要があるのだろうか？**

POINT

既存サービス ✕ カスタマイズ

[例] カスタムキーボード（株式会社コペックジャパン）
　　 完成度90%で販売する「未完成住宅」（9株式会社）

アップサイクル

Q

何から作られたら
使いたくなるか？

　2023 年の指定野菜（春野菜、夏秋野菜等）の収穫量は、前年比 3.0% 減の 578 万 7000 トンで、2 年連続の減少だった。

　一方、日本では、年間約 500 万トンもの野菜・果物が廃棄されていると言われている。

　こうした状況に着目し、廃棄野菜を活用した新商品がある。どんな商品か？

HINT!

そのまま保管する必要はない……？

株式会社アイルの「VEGHEET」（https://www.vegheet.jp/）は、年間約500万トン発生する「捨てられる野菜」を使った食用シートです。**2021年末までに累計300万枚以上を売り上げています。**

加工食品で保存性に優れているだけでなく、栄養も満点です。

水で戻すだけで手軽に調理に使え、スープ、シチュー、炒め物、パスタなど、幅広い料理に活用できます。

野菜不足解消や栄養バランスアップにも役立ち、災害時の非常食として備蓄も可能です。

「アップサイクル」な商品は、廃棄物や使用済み素材を、新たな製品に生まれ変わらせることで、資源の無駄遣い、環境負荷を減らせます。SDGsが注目される中、効果的な手段でしょう。

アップサイクルは、それ自体がブランドストーリーとなり、顧客の共感を得やすく、購入にある種の価値ももたらします。

発想のコツ　ビジネスプロセスから生まれる様々なものに「価値」が求められるようになりました。

まずは「余った、残った＝捨てる」というステレオタイプから離れ、可能性に目を向けること。

そこで、こう考えてみましょう。

・**この素材から別のものを生み出すことはできないだろうか？**

POINT
既存サービス ✕ アップサイクル

［例］竹箸を再利用した「ダイニングテーブル」（株式会社 TerrUP）
廃ビニール傘素材から作られた「財布」（株式会社モンドデザイン）

ウェアラブル

Q

既存の使い方に
縛られていないか？

2022年度の国内スマートウォッチ販売台数は390万台。シェア1位はAppleで、約65％を占めている。電子端末は、据え置き型パソコン、ノートパソコン、携帯電話、スマホとどんどん高機能かつ小型化している。

そうした環境に目を付け、電子端末ではない、旅行者を狙ったウェアラブル商品がある。どんな商品か？

HINT!

手に持ちやすい、カバンに入れやすいサイズなら……？

株式会社昭文社の「ことりっぷ」（https://co-trip.jp/）は、旅行中にも手軽に持ち運べるトラベルガイドがコンセプトの商品です。

最新スポット、飲食店、お土産、宿などの旅先情報のほか、旅につながるライフスタイルも紹介するウェブメディアもあります。

ウェアラブルとは体の一部に装着することです。

携帯性とハンズフリー機能により**日常生活の利便性を大幅に向上させます**。自分の生活習慣や好みに合わせてカスタマイズでき、パーソナライズされたデータやサービスを利用できます。

子供や高齢者向けのデバイスでは、位置情報の追跡や緊急時の連絡機能により安心感を提供し、健康データのモニタリングによって体調不良や緊急事態のリスクを低減します。

発想のコツ　ウェアラブルの元祖と言えば、ソニーの「ウォークマン」が思い出されます。それまで「音楽＝家で聴くもの」というのが主流でしたが、極限まで機能を減らし、持ち運べることにしたことで、大ヒットしました。

そこで、こう考えてみましょう。

・**別の場所に持っていくにはどうすればいいか？**
・**別の場所で使うにはどうすればいいか？**

POINT

既存サービス ✕ ウェアラブル

［例］どこでも扇風機「首掛けファン」（ライフオンプロダクツ株式会社）
　　　ウェアラブルクーラー「REON POCKET」（ソニーサーモテクノロジー株式会社）

Q

ありふれた商品にも、新しい価値が？

コロナ禍の外出規制で、旅行者は激減した。その反動もあり、ここ数年は統計上、旅行者が増加している。

事前に行動計画を立てる人、目的地だけ決める人、ツアーに参加する人など、どこに行くかは決まっているもの。

そこに目を付けて、新しい旅行の出かけ方を提案するサービスが人気だ。どんなサービスか？

HINT!

行き先が決まっていなかったら……？

旅行先がランダムで決定するサービス

JR東日本の「どこかにビューン」（https://dokokani-eki-net.com/）は、どこかの新幹線停車駅にランダムに旅行ができるサービスです。

東北新幹線、秋田新幹線、山形新幹線、上越新幹線、北陸新幹線の駅の中から4駅が提案され、その中から3日以内に行き先がランダムに決定されます。

通常1万～3万円かかる新幹線の往復費用が、JR東日本のポイントサービスであるJRE POINTを使って格安（5000～6000ポイント）で利用できる点も魅力です。

ランダムは、不規則性からくる驚きで顧客の関心を引き、店舗やイベントの魅力を高めてくれます。変わらない日常への退屈、自分では考えつかないような発見など、スリルやワクワク感を味わえる点が、利用者にとっての魅力です。

身近な所では、ガチャガチャがあります。低コストで導入でき、小売店や商業施設での追加収益源として取り入れられています。週末には子供連れやカップル、特定グッズのファンで賑わっています。

発想のコツ　商品には、あるべき姿があると多くの人が思っています。でも、それだけでは、消費者は飽きてしまいます。そうかといって、商品自体を変えるのは、ナンセンス。そこで、こう考えてみましょう。

・**商品に、これまでなかった驚きや発見を加えられないか？**

POINT

既存サービス ✕ ランダム

［例］ランダムにお酒が届く「酒ガチャ」（KURAND株式会社）
　　　循環社会が体験できる「循環ガチャ」（Circular Yokohama）

シームレス

Q

一つで
まかなえないか？

少子化や過疎化で、鉄道利用者数が減少している。

4000人未満の路線は、旧国鉄がJRに民営化した1987年度は全体の36％だったが、2019年度には41％にまで拡大した。

そうした中、鉄道や道路をまたいで運行する交通手段が注目されている。どんな方法か？

第3章　用途の視点

HINT!

車輪の代わりになるものと言えば……？

阿佐海岸鉄道株式会社の「DMV（デュアル・モード・ビークル）」（https://asatetu.com/archives/156/）は、線路から道路、道路から線路へとモードチェンジできる世界初の道路、線路両用の交通手段です。

従来の鉄道車両では体験できない新しい乗り心地を実現しています。

サイズは、マイクロバスサイズで、席数は 18 席です。

電車は線路、線路がない所はバスではなく、両方を走れる仕組みは、顧客の利便性も上がりますし、より遠くまで行こうという人を増やし地域の活性化にもつながります。

従来のように、個別に商品化するとその分のコストが発生します。利用者にとっても、それぞれ購入する必要があり、余計なコストです。それらも解消できます。

発想のコツ 「もしこうできたらいいな」と想像することが大切です。

電車は線路だけ、バスは道路だけ、という固定概念は一旦おいておくことが大切です。

そのうえで、こう考えてみましょう。

・**重複するコストをまとめてしまうことはできないだろうか？**

POINT

既存サービス ✕ シームレス

[例] 電子辞書「カシオ　EX－WORD」（カシオ計算機株式会社）
ラベルライター「テプラ」（株式会社キングジム）

ハイブリッド

Q

異なるものを組み合わせたら?

世界中から旅行者が訪れるようになった日本。

競争が激しくなる中でホテルも、顧客獲得のため、寝具、食事、付帯設備など機能を充実させている。

その中で、ホテルの中身ではなく、周辺環境を利用して特徴を打ち出したホテルがある。どんなホテルか?

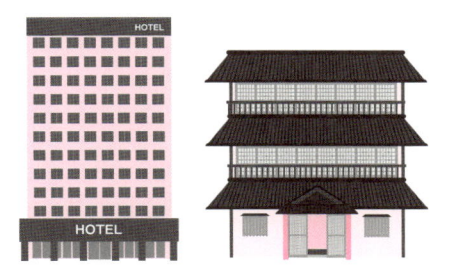

昔からお寺で参拝者に提供されていたものといえば……?

株式会社三井不動産ホテルマネジメントが運営する「三井ガーデンホテル京都河原町浄教寺」（https://www.gardenhotels.co.jp/kyoto-kawaramachi-jokyoji/）は、京都にある寺院と一体化したホテルです。

敷地内には参道や山門、灯篭が配され、お寺と京都らしい雰囲気を味わえます。

ハイブリッド化することで、圧倒的な差別化を図ることができます。利用者側の想像を超え、インパクトを与えることができ、SNS での口コミやバズが期待できます。

それぞれを単体で作ることに比べ、いわゆる共通コストによって原価などの引き下げも期待できます。

発想のコツ　その商品・サービスが放つ「メインの印象」から離れ、別の価値がないかを考えてみましょう。

事例の場合、「お寺＝参拝」というイメージがメインです。お寺には江戸時代から「宿坊」というサブ機能がありました。ここに注目すると、ホテルとの掛け算が見えてきます。

そこで、こう考えてみましょう。

- **コラボすることで、新しい体験を提供できないか？**
- **昔、似たサービスを提供していた所はないか？**

POINT

既存サービス ✕ ハイブリッド

［例］指紋認証つきノート「T-Note Secret」（ツバメノート株式会社）
押し寿司・ハーフ＆ハーフ（有限会社美園食品本店）

Q

日常の手間を
減らせないか？

　家計管理は多くの家庭を悩ましている。つけないとお金の流れがわからないし、つけるとなると時間が取られる……。

　昨今、老後のお金の問題がよくメディアで取り上げられるが、備えのためにも、家計管理はやはり欠かせない。

　そこに注目して、手軽に家計管理するツールある。どんなツールか？

家計簿の項目数をどうにかできないか……？

シンプルなデザインの家計簿

コクヨ株式会社の「かんたん家計簿」（https://www.kokuyo-shop.jp/sc/ProductDetail.aspx?pcd=4901480212531）は、日常の家計管理を手軽に行える便利なツール。

シンプルなデザインで使いやすさを重視しており、収支の入力や集計が簡単に行えます。スマートフォンでアプリ版も提供されており、こちらなら、外出先でも家計簿を管理できます。

「シンプル」にすることで、面倒くさいことや難しいことをやるハードルを下げることができます。

複雑なもの、理論的なもの、情報量が多いもののほうが商品価値は高いと思いがちですが、時間がある人ばかりではありません。

必要最低限を求める層にとっては、シンプルであることが購買動機となります。一度、受け入れられれば、シリーズを横展開することで、使いなれた顧客を芋づる式に増やしていくこともできるでしょう。

発想のコツ 例えば、掃除や買い物といったことが日常にはたくさんあります。ですが、それ自体をやめることはできません。

代わりに、発生する作業負担を減らすことに注目して、こう考えてみましょう。

- もっと内容をシンプルにできないか？
- 負担を軽くするために、何か減らせないか？

POINT

既存サービス × シンプル

［例］シンプルなデザインの「ジェットストリーム」（三菱鉛筆株式会社）
シンプルデザインの腕時計「F-91W」（カシオ計算機株式会社）

小 型 化

Q

サイズを変えると、
どうなるか？

交通網の発達で、出張や旅行へ出かける人が多くいる。

それと共に、便利な旅行グッズが次々に登場。洋服を小さく圧縮するもの、機内に持ち込めるスーツケース、移動中の枕など、日常でも使えるものが少なくない。

そんな出先のニーズを捉え、ちょっとした衣類の汚れを洗う道具が登場。どんな商品か？

HINT!

昭和の頃は普通にあったもの……？

スマホサイズの
小さな洗濯板

株式会社土佐龍の「サクラ洗濯板」（https://tosaryushop.com/item-detail/385634）は、もっとも小さいサイズで、スマホと同じサイズの洗濯板です。

重さはわずか 88 グラムで、カバンの中に入れておき、外出先でちょっとした汚れを落とすときに便利です。

2014 年の発売開始から、累計 37 万枚のヒットで、およそ 3 億円を売り上げています。

商品のサイズを小さくすると、製造コスト（材料、製造にかかる時間等）の削減のほか、物流にかかるコストを減らせます。

最近はミニマリストをはじめ、物を減らす、大きな物よりも小さな物を好んで購入する人が増えています。小さくすることで、しまいやすさ、持ち運びやすさを提供でき、新たなニーズを獲得できる可能性が高まります。

発想のコツ　事例のようなアイデアを出すために必要なポイントが「シーン」です。旅行や出張の際の出先で、どんなことをしているとき、どんなことが起きるかをイメージしてみましょう。

事例では、ついてしまった「ちょっとした汚れ」を落とすことが、目的です。こう考えてみましょう。

・**あの場面のお困り事を、この商品で解決できないか？**

POINT
既存サービス ✕ 小型化

[例] 指だけで使う PC マウス「リングマウス」（サンワサプライ株式会社）
ポケットに入る「真空断熱ポケットマグ」（サーモス株式会社）

セルフ

Q

考えすぎて
いないか？

コロナの蔓延する中、外出する人が一気に減った。

一方で、巣ごもり需要が爆発的に上昇し、出かけずに楽しめるさまざまなアイデア商品が登場している。

その中で、外に行かないと味わえない「居酒屋」を自宅で再現する商品が登場。どんな商品か？

HINT!

食卓テーブルにおけるコンパクトさ……？

ライソン株式会社の「せんべろメーカー」（https://www.lithon.co.jp/product/cooking/kdgc005/）は、お家で居酒屋気分を味わえる調理器具です。

おでん、焼き鳥、炙り、熱燗を1台で楽しめ、火を使わず、電源スイッチを押すだけの簡単操作。卓上に置いても邪魔にならないコンパクトサイズなので、気軽にアツアツ料理の晩酌を楽しめます。

利用者にとって「セルフ」は面倒ですが、自由度が高いのが特徴です。自分のペースで段取りできるため、**待ち時間やストレスの軽減、自分だけの楽しみ方を追求できます。**

事例の場合は、自分のペースで居酒屋によくあるメニューを温めながら、自分が思い描く最高の居酒屋気分に浸ることができます。

もちろん、セルフガソリンスタンドのように、「安価」を特徴に加えることもできるでしょう。ですが、値下げは過当競争を生みます。そうではない、「価値」を生み出しましょう。

発想のコツ　人は、自分の行動や決定に対して、特別な価値を感じる傾向があります。サービス業の多くは、「提供されること」に価値がありますが、これをあえて、利用者自身の手でやることで、価値を感じてもらうという切り口です。

・**自分のこだわりで、お店などを利用せず、やりたいだろうか？**

デ ジ タ ル

Q

どうすれば
本当に便利になるか？

　現在、さまざまな書類がデジタルへと切り替わっている。

　記憶に新しいのは、領収書等の電子化だろう。とはいえ、まだまだデジタル化が進んでいない分野は多くある。

　そんな中、ビジネス上では欠かせないある文書を電子化で完結するサービスを始めた企業がある。何を電子化したか？

クラウド上で契約作業を完結できるデジタルサービス

弁護士ドットコム株式会社の「クラウドサイン」（https://www.cloudsign.jp/）は、国内シェア No.1 の電子契約サービスです。**累計契約送信件数は 500 万件を超えます。**

これまで数日はかかっていた契約作業をわずか数分で完了可能。作成、締結、管理、検索がクラウドサイン上で完結でき、従来の紙と印鑑をクラウドに置き換えることで、押印のための出社や契約書の保管スペースを削減しています。

デジタルは、物理的なコスト（製造・流通など）を削減します。企業はコスト効率を高め、地理的制約を超えた顧客層へのリーチを可能にします。

特に、最近はオフィスを持たない企業も増えており、デジタルで完結できることにメリットを感じる企業は多いでしょう。

発想のコツ　かつてに比べると、ありとあらゆるものがデジタル化したと錯覚する瞬間があります。ですが、まだまだデジタル化されていないものは、探せばたくさん出てきます。

目の前の自社の商品やサービスのすべてに、その可能性があると言っても過言ではありません。そこでこう考えてみましょう。

- **この商品をデジタル化したら、どうなるだろう？**
- **デジタル化することで、どんな人が使うだろうか？**

POINT

既存サービス × デジタル

［例］電子「お灸」（株式会社アテックス）
　　　デジタル「遺言」（内閣府）

丸ごと

Q

商品は単体である必要があるか？

　都心一極集中が続いている。経済の原則に照らせば、人口が減るとお金の流れがなくなり、その地域は経済力を失う。そうした現実に、地方自治体などではさまざまな対策をしている。

　その中で、街全体で始めたあるサービスが話題になっている。どんなサービスか？

HINT!

街をあるものに見立てると……？

大阪の布施商店街が始めた「街ごとホテル」（https://www.sekaihotel.jp/area/fuse/）は、商店街全体をホテルとして利用できる新しいスタイルです。

2023年時点で、**1日あたりの最大収容人数は76人ですが、半期で約2000人が利用しています。**

客室は商店街に点在する古家をリノベーションしたもので、ホテル機能は街中に点在します。

「丸ごと」にすると、単品よりも価格を安く設定できます。

すると、顧客は買いやすくなり、利用の機会が広がります。

複合体になれば、大々的な展開をする資金力も持て、集客力だけでなく、エンタメ空間として楽しめる場にもなり得ます。

丸ごと化が向いている商品は、日用品や消耗品、コレクションアイテム、サイズや種類が豊富な商品、季節限定商品、型落ち商品や在庫処分品などがあります。

発想のコツ 普通は「この商品をどうすれば売れるだろうか」と商品単体で戦略を考えがちです。しかし、商品単体の力で売れ続けることはまれです。商品の機能やデザインの改善にも限界があります。

そうした行き詰まりが生まれたときは、こう考えてみましょう。

・**他のものと、まとめて、商品価値を高められないか？**

POINT

既存サービス ✕ 丸ごと

[例] 街全体で健康推進する「上山型温泉クアオルト事業」（山形県上山市）
新生活の家具がそろう「家電セット」（株式会社ニトリ）

Q

商品に秘められた 意外な魅力とは？

　昔から、和菓子の定番の一つ大福。スーパーやコンビニのレジの近くでもよく見かける定番商品だろう。

　あまりにも定番化していて、なかなか価格の差別化がつけづらく、基本的にどこに行っても安く売られている印象がある。

　そこに目をつけて、ユニークなアイデアでヒットした大福がある。どんな大福か？

HINT!

その形に注目してみよう……？

株式会社大藤の「妖怪フルーツ大福シリーズ」（https://edousagi.com/?mode=cate&cbid=2758235&csid=0）は、谷中の墓地の妖怪がフルーツをくわえたデザインがユニークな大福シリーズです。

その見た目が SNS でバズり、芸能人やテレビでも取り上げられる人気商品となりました。

キャラ化することで、生き物のように感情や性格を持つ商品に生まれ変わります。親しみやすさ、愛着が生まれ、**顧客はまるで親しい友人や家族のように、商品に感情移入しやすくなります。**

複雑な説明ではなく、キャラというストーリーで伝えることで、商品の記憶が残りやすくなり、商品の認知も高められます。

年齢層、性別、ライフスタイルなど、ターゲット層に合わせてキャラクターを設計することで、平凡な商品に斬新な魅了が加わるのです。

発想のコツ 定番商品がすでにある場合、そのままで差別化はできません。事例の場合、妖怪と例えることで食べ物にはまずありえない"ストーリー"が加わります。

こう考えてみましょう。

- **この商品を擬人化したら、何になるだろう？**
- **会社や地域と紐づけたキャラクター性を持たせられないか？**

POINT
既存サービス ✕ キャラ化

［例］美少女化したお米「あきたこまち」（秋田 JA うご）
　　　全国の温泉をキャラ化「温泉むすめ」（株式会社エンバウンド）

転用

Q

すでにあるものを
活用できないか？

電通によると、2022年の総広告費は、7兆1021億円で、過去最高となった。特にインターネット広告費によって市場全体が成長している。その中、あるホテルチェーンが意外な場所に広告スペースを設け、話題になっている。どこに広告スペースを作ったか？

第3章 用途の視点

HINT!

夏に利用者が増える場所……？

　全国展開するホテルチェーン「アパホテル」は、屋外プールに広告スペースを設定しています。

「ポカリスエットプール」「ネスカフェプール」「味ぽんプール」「ビックリマンプール」……、プールの床一面に企業の PR 広告を掲示。

　長らく屋外プールで赤字が続いていましたが、**プールを広告メディア化することで、黒字化に成功しています。**

　事例では、自社資産を広告スペースに転換したので、新たなコストは発生していません（税金等は除く）。

　リアルの空間のため、ネットコンテンツと異なり、一度定着すれば、競合が参入しにくいという利点もあります。

発想のコツ　この視点は、お肉屋さんが隣に焼肉店を、魚屋が隣で居酒屋を開業することと似ています。それぞれ、本業で余った食材を格安で転用しています。

　この場合は、いずれも「自社」での再利用ですが、事例の場合、自社では打開できません。そこで、こう考えてみましょう。

・**このスペースを必要としている所はないか？**
・**今使っていない物を、別の使い方にできないか？**

POINT

既存サービス ✕ 転用

［例］建築現場を広告化（コーユーレンティア株式会社）
　　　自動ドアを広告化（ナブテスコ株式会社）

Q

事象の裏まで考えられるか？

　80歳で20本以上の歯が残っている人の割合は令和4年は51.6%で、平成28年からほぼ横ばい。

　ただし虫歯がある人の割合は、若年層で高い傾向にある。歯肉炎の人の割合も、高齢になるにつれて増加。

　歯を守るため、よりしっかりと歯磨きをするために、ある部分を動かす歯ブラシが登場した。どんな商品か？

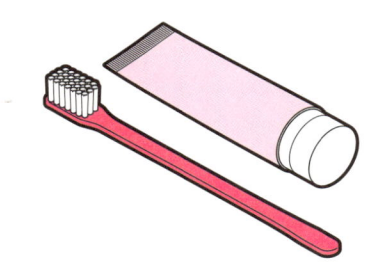

HINT!

磨きにくい場所をしっかり磨けるように……？

ヘッドが360度回転して歯にフィットする歯ブラシ

松本金型株式会社の「回転ヘッドの歯ブラシ・くるりん」(https://matsumoto-kanagata.net/item/products/cururin.html)は、口の中のカーブや隙間に合わせてフィットする回転ヘッドが特徴の歯ブラシです。

歯磨きをより効果的なものにするための7つの特許技術が使われており、難しいテクニックを覚えなくても、ストレスなく誰でもきれいに歯磨きができます。

歯ブラシは、通常の歯ブラシにせよ、電動歯ブラシにせよ、手で磨きたい箇所を細かく角度を変えながら磨くもの。当然、人によって当て方が変わってきます。それが歯磨きの差になります。

そこに着目し、歯ブラシのヘッドを回転させるという逆転の発想から生まれたのがこの商品です。

「逆転」とは言っても、ほとんどの場合、既存の素材や設備を使いながら、一部の改良で新しい製品を市場に導入できます。

発想のコツ　例えば、カップラーメン。元々は、どんぶり型（どん兵衛など）とスリム型（カップヌードルなど）の2種類でしたが、今では角形（日清ラ王など）も定番になっています。

食べやすさやデザイン性を追求した結果生まれたものですが、差別化にもつながっています。そこで、こう考えてみましょう。

・**なぜ、この形になっているのか？**
・**あえて、今までとまったく違うことをしたら？**

POINT

既存サービス ✕ 逆転

［例］縦置きペンケース「ネオクリッツ」（コクヨ株式会社）
　　　無機質カフェ「カフェモノクローム」

形状

Q

視覚情報に
とらわれていないか？

　忙しかった一日、疲れを癒やしてくれる睡眠。

　睡眠グッズには、こだわる人が多い。掛け布団に敷布団、毛布、枕など、さまざまなグッズがある。

　その中で、眠りを大きく左右する枕に着目し、仰向けでも横向きでも適切な高さになる商品が登場した。どんな商品か？

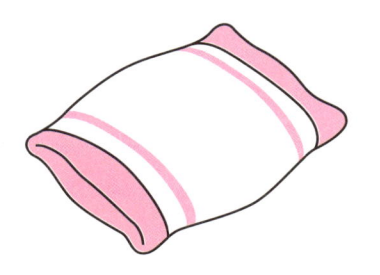

HINT!

自分で変えられないなら……？

　Ax Robotix 株式会社の「ねむりす」（https://www.axrobotix.com/）は、寝ている人が最適な睡眠を取れるように、形が自動で変形する枕です。仰向けにも寝返りにも対応しています。

　まだ発売前ですが、ラスベガスで開催された「IEEE 42nd International Conference on Consumer Electronics」で「Best Session Award」を受賞。テレビなどのメディアでも特集が組まれ、これまでにホテルチェーンと提携した特別プランで、試験運用しています。

　商品の形状を変えることは、見た目や使い勝手だけでなく、機能性や販売促進など、さまざまなメリットをもたらします。

　手に取りやすくしたり、持ち運びやすくしたり、収納しやすくしたりすることで、商品の使い勝手が向上。また、商品の機能そのものを拡張したり、新たな機能を追加したりすることも可能です。

発想のコツ　「これはこういう形だ」というステレオタイプが私たちの中にはあります。

　例えば、エアコン。白い長方形を思い浮かべませんか？　エアコンの機能と利便性に配慮した結果、あの形になっていますが、それが絶対ではありません。そこで、こう考えてみましょう。

・**どのような形状にすればもっと使いやすくなるだろうか？**

POINT

既存サービス ✕ 形状

［例］トミカの形をした「かまぼこトミカ」（鈴廣かまぼこ株式会社）
　　　丸でも四角でもない「スーパー楕円はんこ」（シヤチハタ株式会社）

小分け

Q

どこかで
間違えていないか？

　大容量パックのお菓子を買ってきて、友人とシェアして食べるという人は多いだろう。だが、1人だと食べきれない。

　最近は健康ブームや食の変化で、少しずつ食べたいというニーズも増えてきている。

　そんな中で、ある企業が市場に投入したお菓子がある。どんなお菓子か？

第3章　用途の視点

食べ切りサイズの 小分けのポテトチップス

　カルビー株式会社の「ポテトチップスうすしお味ゴー5パック」は、大袋ではなく、あえて小袋5パックをセットにした商品です。

　発売当初、カルビーのポテトチップスは1袋あたり90gで、多いときは100gでした。ですが、ニーズを調査する中で、容量が減っていき、現在は60gになっています。

　背景には、製造コストだけでなく、**健康志向の高まりで一度に食べる量が減った**ことがあります。こうした流れの中で、さらにパック当たりの容量を少なくして登場したのが事例の商品です。

　「小分け」は、あえて量を減らすことで、顧客の利便性を高める戦略です。かつては、大きければ大きいほうがいいという風潮もありましたが、インターネットの登場で現在は消費者の嗜好が多様化したことで、少しずつ楽しみたいといニーズが増えています。

　小分けにすることで、大量生産によるコスト削減は見込めなくなりますが、容量に合わせて販売価格は抑えられるので、戦略的に販売個数を増やすことで、利益も見込めます。

　発想のコツ　大きいものが好まれる場合がすべてとは限りません。ミニマリストを始め、生活スタイルをコンパクトにしたいという人が増えています。そこでこう考えてみましょう。

・**小さく分けたら、買いたい人がいるか?**

POINT
既存サービス ✕ 小分け

[例] ちょい振り小麦粉「クッキングフラワー」(株式会社日清製粉ウェルナ)
　　　個包装の詰め合わせ「ゴディバ ナポリタン アソーテッド」

種　類

Q

もっと
周りを見渡してみると？

　健康のために腸内細菌の活性化を。最近、メディアを中心にその効能がたびたび特集されている。

　腸内細菌を整える食材の代表格といえば、納豆だ。古くから日本で食べられてきた食品で親しみのある人も多いだろう。

　そこである企業は、後発ながら納豆の品揃えを拡充することで、売上ランキング2位になった。どんな商品か？

HINT!

納豆自体の味を変えられない……？

株式会社ミツカンの「納豆」は、豊富な風味のラインナップが特徴的な納豆です。

これまでに、自社の看板商品である「味ぽん」のほか、「バターしょうゆ」「焼肉」「たまご醤油」「うな重」など、今までにはなかったタレの納豆を多数展開しています。

味の選択肢が増えるにつれ、同社の納豆製品の売上も上昇、戦略が奏功しています。

「種類」を増やすことで、顧客は選ぶ楽しみを見出せるだけでなく、これまで満たせなかった自分好みの味を食べるという欲求を満たせます。

マーケティング上も、事例のように話題性のある種類を提供できれば、宣伝や口コミ効果が見込めます。

事業者にとっては、新しい風味が受け入れられなかった場合のリスクも心配ですが、まずは小ロットで市場投入し、テストマーケティングを繰り返すことで、ある程度リスクヘッジが可能です。

発想のコツ 長く売れている主力商品があると、そこに依存しがちになるもの。ですが、永遠に売れ続ける商品はありません。少しずつ変化を加えながら、商品の魅力を高める必要があります。

そこで、こう考えてみましょう。

・**色や形、中身を変えることはできないか?**

POINT

既存サービス ✕ 種類

[例] 40 種から選べる「ローソンストア 100 の選べるおせち」(株式会社ローソンストア 100)
豊富な柄から選べる「そえぶみ箋」(古川紙工株式会社)

色

Q

無くなると喜ばれることは？

和食にかかせない調味料の一つに醤油がある。

古くから作られてきた調味料は日本人に馴染みのある味であることはもちろん、最近では寿司ブームを始めとする和食への世界的な関心もあり、外国でも人気となっている。

その中で、一風変わった醤油が登場した。「醤油が服に飛んで困る」といったお悩み事を解消した醤油とは？

HINT!

醤油は濃い色のものか……？

　株式会社五葉フーズの「透明醤油」（https://www.fundodai.com/）はうすくちや白だし、白醤油でもできない、素材の色を最大限に生かすことのできる透明な醤油です。

　発売からわずか**7カ月で20万本を売り上げた**大ヒット商品です。

　透明であることは、刺身や揚げ物の素材の色をそのまま活かして食べられることはもちろん、醤油で多くの人を悩ませている服への飛び散り汚れの心配がなくなります。

「色」は商品を特徴づける大切な要素です。色に関する資格がたくさんある通り、どのような色を使うかで、顧客層や商品の魅力も変わってきます。

　意外性のある色、いわゆるインスタ映えする色を使えば、宣伝や口コミによる商品の広がりを期待できます。

　顧客は、定番の商品だけでなく、時には違うものを使いたいもの。色バリエーションがあればそのニーズを取り込めます。

発想のコツ　「この商品にはこの色」と多くの人が思うものがあります。たとえば、食品に青を使うことはあまりないでしょう。ですが、その意外性が差別化になる時もあるのです。こう考えてみましょう。

・**色を変えたら、利便性が増すだろうか？**

POINT

既存サービス ✕ 色

［例］金色のタクシーで行く「金タビ」（株式会社フジタクシーグループ本社）
　　　白抜き文字が書ける「白抜きマーカー DECOT」（サンスター文具株式会社）

音

Q

視覚に
縛られていないか？

　人間には優れた五感がある。その中で、スマホの普及もあって、「見る」が以前にも増して使われるようになっている。

　だが、他に4つの感覚があり、そうした感覚に訴求することでビジネスとして成立するものものある。

　ある企業は「聞く」ことに焦点をあて、スーパーなどで欠かせない商品を生み出した。どんな商品か？

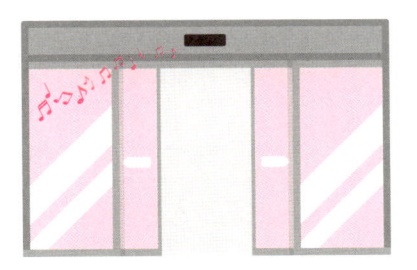

「買い物に来た」という感覚になるとき……？

群馬電機株式会社の「呼び込み君」はスーパーの売り場などでよく流れている「♪ポポーポポポポ」というメロディーを流す機械です。**2000年に発売後ロングセラーとなり、これまでに約7万台を売り上げています。**

音を流すほかにも、録音した言葉を何度も流すこともできます。

かつて店頭ではテープレコーダーを使って音声を流していました。ですが、再生を繰り返すとテープが伸びて音質が悪くなります。そこでICチップを内蔵した商品を作った所、操作の手軽さもあってスーパーなどで広く使われるようになりました。

「音」は耳に残るので、顧客へ効果的にメッセージを送れます。

テレビCMでも、企業はロゴと同じように、音声ロゴを作り、CMの最初や最後に流すことで、効果的に自社の刷り込みをしています。

発想のコツ　人間は目で見えることに意識を向けがちですが、耳から入ってくる情報も侮れません。記憶を思い出すとき、目で見る情報よりも耳から入ってくる情報のほうが効果的なことはないでしょうか。

こう考えてみましょう。

・**商品の特徴を音で表現できないだろうか?**

・**音がないことで、失っているニーズはないか?**

POINT

既存サービス ✕ 音

[例] 聞いて楽しむ「耳でみる絵本」（株式会社オトバンク）
　　貯金すると音が鳴る「サウンド貯金箱」（株式会社ドリームズ）

形態の視点

173

物体や事象の外観や構造、構成、
そして特徴や輪郭、配置を示すもの。
それが「形態」です。
物や事象が持つ「見た目」や「構造的な特性」を
表現する際に使われます。

「物理的な形」「身体的な形」「抽象的な形」まで、
私たちの周りには、有形から無形まで形が溢れています。

アートやデザインで明らかな通り、
形は、視覚的なバランスや構図に大きな影響を与えます。
物や事象の本質を知るための手がかりとなり、
どんな機能や意味を持つものかを教えてくれます。

そして、それはその商品やサービスが
他の競合に勝るものだと認知させる力になります。
そんなビジネスを生み出す6の視点が、ここでは登場します。

Q

自分たちで
何でもやるべきか？

　組織の効率化が進む中で、外部の力を積極的に利用する企業が増えている。そこには2つの考え方がある。

　外部のリソースの活用はアウトソーシング。外部の委託先に自社部門の一部のような役割を担ってもらうことは代行。

　こうした中、どの会社にも共通する機能をアウトソーシングで受注する会社がある。何を受注しているか？

HINT!

その企業だけではないこと……？

株式会社キャスターの「CASTER　BIZ」（https://cast-er.com/）は、アポイント調整やメール対応などの秘書業務、見積書作成などの事務、求人票作成や勤怠管理などの人事業務といったバックオフィス系の業務を受注しています。

アウトソースは BPO（Business Process Outsourcing）とも呼ばれ、コスト削減、専門スキル・ノウハウの取り込み、コア業務への集中、オペレーション時間全体の短縮などを目的に行われます。

このうち、**最も大きいものがコスト削減**です。人件費（採用費、給与など）を圧縮できるうえ、費用化することが可能です。

受注側も、すでにノウハウのある分野の事業を請け負うので、社内教育などのコストを抑えつつ、事業拡大を容易に見通しやすいメリットがあります。

発想のコツ　企業のニーズは、「売上拡大」と「コスト削減」の2つだけです。

アウトソースは、コスト削減にあたります。その対象になりうるのは、「共通性が高い」「非属人的」の要素を持つもの。必ずしも自社で取り組む必要がないもの、多くは「売上に直結しない」ものです。

そこで、こう考えてみましょう。

・**共通性が高く、社内でやらなくてもいい仕事は何か？**

POINT

既存サービス ✕ アウトソース

［例］「介護事業者向け BPO」（アクリーティブ株式会社）
　　　社宅を管理する「リロの社宅管理」（株式会社リロケーション・ジャパン）

修 理

Q

何が
価値を決めるか？

「使用中に壊れた商品」や「まだ使えるけどきれいに直したい物」を修理する「リペア市場」は、約3兆円。

駅中や街中で、靴の補修がその場でできるお店をよく見かける。自分ではできないけど、直せるなら直したい。

その中で、ゴルフに欠かせないある部分を日本初の技術で修理する企業がある。どこを直しているか？

HINT!

ゴルフで一番使うものといえば……？

摩耗したゴルフヘッドをメッキ技術で修理

アルファメック株式会社の「ゴルフヘッドリペア」（https://golf.alfamek.net/）は、長年使用しているゴルフクラブのキズやサビ、メッキの摩耗などのクラブの損傷を直し、新品同様に蘇らせるサービスです。

大正13年の創業で、昭和50年からゴルフヘッドの加工を主力事業に展開。ゴルフ用メッキを初めて作成した会社で、以来、ゴルフヘッドリペアでも確かな技術を持っています。

リペアのメリットは、継続した利益です。製造業に比べて、高価な設備がいらないうえ（修理のスキル・ノウハウは必要）、価格も比較的自由に設定することが可能と、**高い利益を得やすい傾向があります。**

特定の専門的な製品を除けば、資格が必要な場合も限られるため、参入もしやすいビジネスです。

また、事例のゴルフヘッドリペアのように、メッキ加工という特殊技能を持つ企業しか参入できない分野を見つければ、優位なビジネスを展開できます。

発想のコツ　「修理」をビジネスにしやすいのは、高額、使用期間が長い、使用頻度が多いといった特徴を持つ商品です。そこでこう考えてみましょう。

・**修理することで、商品寿命を延ばせないか？**

POINT

既存サービス ✕ 修理

［例］スマホを直せる「スマホ修理工房」（ユウソリューションズ株式会社）
　　　時計修理の専門店「ウォッチ・ホスピタル」（株式会社ウォッチ・ホスピタル）

代 行

Q

頼ることで
解決できるか？

近年、「物流の2024年問題」など、物流業界の人材難、人材確保が大きな問題になっている。

一方、インターネット通販の浸透で物流業界は年々多忙になっており、経営と雇用のバランス取りが難しくなっている。

そうした中、物流だけではないサービスを提供する会社が注目されている。どんなサービスか？

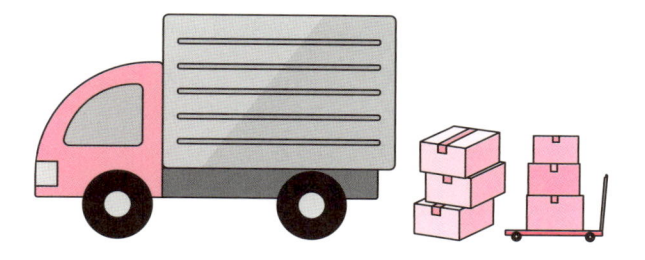

第4章

形態の視点

どうせ持ってきてくれたなら……？

株式会社アイスコ（https://www.iceco.co.jp/）は、首都圏を中心とするアイスクリーム・冷凍食品の専門の卸問屋なのですが、それだけでなく、売場に直接陳列する「フルメンテナンスサービス」（得意先の売場に直接商品を納品し、売場づくりまで配送員が行うサービス）を主として提供する冷凍冷蔵・EC 物流サービス企業です。

卸問屋は通常、商品をバックヤードに置くだけの納品スタイルですが、その先まで代行してしまうのです。

法人向けに限定されますが、**代行業務は一度参入できれば、競合に参入されるリスクが少ないのがメリットです**。契約や交渉、一貫性を考えると、コロコロと代行先を変えたい企業はないからです。

受注企業は、委託範囲を限定することで、リスクコントロールでき、業務フローのルーティーン化で、経験の浅い人員（新人や派遣社員など）も投入しやすいメリットがあります。

発想のコツ 「代行」というと、すべての業務フローを一任することを思い浮かべがちです。もちろん、「一通りやってほしい」というニーズはあります。でも、コストやリスクも高まりますね。

「必要最低限で頼みたい。あとは自社で」というニーズをうまくキャッチすることが大切です。こう考えてみましょう。

・ **ルーティーン化して代行できる業務はないか**

POINT

既存サービス ✕ 代行

[例] 引っ越しの「荷造り代行」（株式会社サマンサ・ホームステージング）
フリマの出品代行「マカセル」（株式会社 MONO Technologies）

代 替

Q

それでなければ
ならないか？

福利厚生の定番といえば、社員食堂だろう。美味しい昼食を安く食べられる、社員満足度の高いサービスだ。

ただ、設置には初期投資と継続的な出費が伴うため、ある程度の規模の会社にしかない場合がほとんど。

その中、自社に設備がなくても、社員食堂のニーズを満たすサービスを始めた企業がある。その方法とは？

第4章　形態の視点

HINT！

社員食堂では満たせないニーズ……？

Gigi 株式会社の「びずめし」（https://bizmeshi.jp/）は、会社周辺にある飲食店を、社員食堂の代わりとして利用できるサービスです。

昼食だけでなく、朝食や夕食にも対応しています。

2021 年のサービス開始時は 1 万 4000 店で利用できましたが、現在は、チェーン店やコンビニ、コーヒーショップを中心に、**全国 20 万店以上で利用できるようになっています。**

社員食堂を導入したくても、場所やコスト面からなかなか企業体力がないと難しいもの。社員も、近くのお店で食べたいという欲求もあるでしょう。その中間を見事に突いたサービスです。

「代替」を考えることで、コストはそのままに、ニーズを獲得することが可能です。事例の場合、社食用に発生していた費用を社外の飲食店用に振り返ることで、社員食堂が占めるスペース、運営にかかるコストの削減を期待できます。

発想のコツ　「社員食堂は安いけど、似たメニューばかりで飽きる。でも外食は出費が……」という「不満」が発想の入口でした。

何事もそうですが、コストを考えると、できることは限られてきます。そこで、こう考えてみましょう。

・**別のものに置き換えて、選択肢を増やせないか？**

POINT

既存サービス ✕ 代替

[例] ホテルの代わりになる宿泊施設「Airbnb」（Airbnb, Inc）
自転車やバスの代わりの移動手段「LUUP」（株式会社 Luup）

派 遣

Q

やわらかい思考で
考えてみると？

　精神疾患を有する総患者数は約 420 万人（2017 年）で、増加が続いている。

　この背景にはさまざまなことが考えられるが、複雑化している社会構造が、その原因の一つだろう。

　そんな中で、精神疾患を有する人の症状改善にと、ある生き物を派遣する事業者がいる。何を派遣しているか？

第4章

形
態
の
視
点

古くから人間と一緒に暮らしてきた……？

| セラピードックを派遣する事業

　一般財団法人国際セラピードッグ協会の「セラピードッグ派遣」（https://therapydog-a.org/）は、高齢者や障がいを持つ人、治療中の患者さんの身体と精神の機能回復を補助するセラピー犬を派遣する活動です。

　患者が記憶を取り戻したり、動かなかった手や足が動くようになるよう、サポートしています。

　セラピードッグを最大限に活用することで、年間1350億円の医療費削減効果もあると試算されています。

　「派遣」は、**継続的なビジネスになりやすい点が最大のメリットです。**しかも、設備投資をほとんど必要としません（その代わり、事例のように訓練コストが発生します）。

　参入障壁は低いので、市場形成が見込めると、競争激化は回避できないデメリットがあります。

　発想のコツ　単身世帯が増加傾向にある中、孤独を感じる人が大幅に増えています。

　そうした孤独感の解消は大きなビジネスチャンスです。

　そこで立てたいのが「どうすれば孤独感を解消できるか」ですが、人手不足の世の中です。できれば人を使わずに済ませたい。

・**人以外で人の孤独感を解消するにはどうすればいいだろうか？**

POINT

既存サービス ✕ 派遣

[例] ロボットの派遣「派遣ロボ」（株式会社アローリンク）
　　話し相手の派遣「ヒメサロ」

Q

そもそも そのやり方が正解？

学校の卒業の際、多くの人が埋めたタイムカプセル。

いろいろなものを詰め込んで、学校の地面に埋めたという人も多いだろう。いざ掘り返してみたとき、なかったという経験もあるかもしれない。

そんな中、タイムカプセルをある方法で確実に未来へ届けるサービスがある。どんなサービスか？

HINT!

探して、掘り返すのが大変なら……？

　株式会社タイムカプセルの「タイムカプセル保管サービス」（https://timecapsule.co.jp/）は、個人や学校向けにタイムカプセルを保管するサービスです。

　未来の自分や他者に宛てたメッセージや思い出を安全に保管し、指定の日時に届けることができます。サービスには、郵便手紙型、はがき型、タイムカプセル型などのラインナップがあり、劣化しないように倉庫での保管や住所変更の代行も行っています。

　情報化やグローバル化の進展に伴い、資産の安全な保管は重要な課題になっています。こうしたニーズに応える「保管」事業は、参入障壁の高い市場で、景気変動の影響を受けにくいメリットがあります。

発想のコツ　「自分で管理すると手間やコストがかかってしまう」
「置き場所に困ったり、紛失したら困るもの」
　日頃、利用しない物は使わない時間のほうが長く、管理も大変です。そうしたものを見つけたら、こう考えてみましょう。

・**お金が多少かかっても、誰かに保管を頼みたいだろうか？**
・**毎月どのくらいの費用なら、自分なら保管にお金が払えるか？**

POINT

既存サービス ✕ 保管

［例］観葉植物の一時保管サービス（グリーンテック株式会社）
　　　クラシックカーの保管サービス（株式会社オートダイレクト）

第 5 章

場所の視点

物理的な空間の中で、特定の位置を示し、
何かが存在する、何かが行われる位置を指すもの。
それが「場所」です。

ひと言で「場所」といっても、
その空間が持つ特徴や環境、時間、出来事、活動と
密接に関連付けられて、初めて認識されます。

家、学校、公園、都市、国などの物理的な場所もあれば、
目的によって、会議室や自習室、物置などに
変わる場所もあります。

目的により「場所」の在り方も変わるのです。
ビジネスにおいても、「顧客が求める場所をどう提供できるか」
が成功のカギとなることは言うまでもないでしょう。
ここでは、そうしたビジネスを生み出す
8の視点が登場します。

Q

隠れたヒントを
見逃していないか？

　終活市場、いわゆるフューネラルビジネスの市場規模は約1兆9000億円とされ、2040年近くまで拡大見込み。

　亡くなる人が気に掛けることといえば、残された人との関わりだろう。

　そうした心配を、手軽に少しでも減らせるサービスがある。どんなサービスか？

思い立ったときすぐに手元で修正できるとありがたい……？

「オンライン」で登録できる
死後にメッセージを送信するサービス

　株式会社パズルリングの「デジタル遺言 lastmessage」（https://www.lastmessage.rip/）は、人生の死後に届けたいメッセージを保管し、届けるサービスです。

登録者数は 1 万人を超えています。

　死後に送信する機能や、手軽に寄付ができる機能、遺言・相続・税務に関する悩みを簡単に相談できる機能、さらには自分 1 人で正式な遺言書を作成できる機能を持つデジタル遺言アプリです。

　オンライン化は、事業者は設備コストや人件費の削減が見込め、利用者も店舗まで行く手間がなくなり、利便性が増す、双方にとってメリットのある手段です。

　事例の遺言は、法律家への相談が欠かせませんでしたが、そうした手順も省略することができます。

発想のコツ　未だ紙ベースになっているものは多く残っています。

　例えば、スーパーやコンビニのレシートなどもそう。スマホアプリへの置き換えが進んでいますが、まだまだ紙がメインです。

　紙で手渡されるもの、提出するものがあれば、こう考えてみましょう。

・**なぜオンライン化できていないのか？**

POINT

既存サービス ✕ オンライン

［例］オンライン自習室「MyroomNeo」
　　　30 分毎の電気使用量がわかる「スマートメーター」（東京電力エナジーパートナー株式会社）

自宅

Q

何が
潜在的な欲求か？

　健康診断は、病院やクリニックなどの専門機関で受診するものだろう。特に、人間ドックになれば、大きな病院や専門のクリニックに行く必要がある。

　だが、時間的、場所的な制約から、こうしたサービスを受けたくても受けられない人もいる。そこである企業が考えたサービスとは？

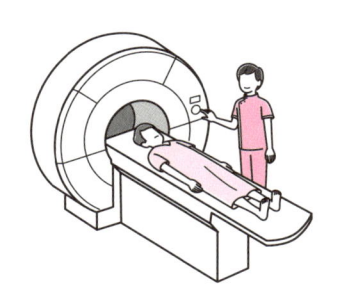

HINT！

行かなくてもいいとしたら……？

　株式会社ハルメクの「おうちでドック」（https://dock.ouchide.biz/）は、自宅で簡単にがんや生活習慣病のリスクをチェックできる郵送型検査キットです。

　本来なら、病院で受診する人間ドック。2017年11月のサービス開始後、巣ごもり需要もあり、**約2年で1万人が利用しています。**

　検査は、数滴の血液と尿を採取し、指定された機関に郵送するだけ。病院検査と同等の精度で検査結果を得られます。

　提供する場所を「病院から自宅」に変えたことで、これまで眠っていた潜在ニーズを獲得できました。

　自宅のメリットは、外出の手間が省けることです。外出には、準備や移動、待ち時間、検査時間など、時間的にも身体的にも負担がかかります。でも、自宅なら、こうしたストレスはありません。

　事業者にとっても、応接設備などのカットでコスト削減が期待できます。また、利用者の都合に合わせて施設を営業する必要がないので、働きやすい環境を整えやすいというメリットもあります。

発想のコツ　「購入する場所＝外」というステレオタイプから離れる必要があります。世の中には、自分で購入したり、買いに行くのを躊躇する物もあります。そこで、こう考えてみましょう。

・**この商品を、ネットで買えないか？**

> ## POINT
> # 既存サービス ✕ 自宅
> [例] 自宅で本格サウナ「おうち de サウナ」（合同会社 Niiro）
> 　　　在宅ワークを探せる「ママワークス」（株式会社アイドマ・ホールディングス）

デッドスペース

Q

何かを
見落としていないか？

　国土交通省「地価公示」によると、令和5年の全国の地価は、住宅地・商業地のいずれも2年連続で上昇した。

　地価が上昇するなら、空いた空間、使わない場所をどう活用するかが課題だ。

　その中で、ある企業が始めた、都心にもたくさん余っている場所の活用方法とは？

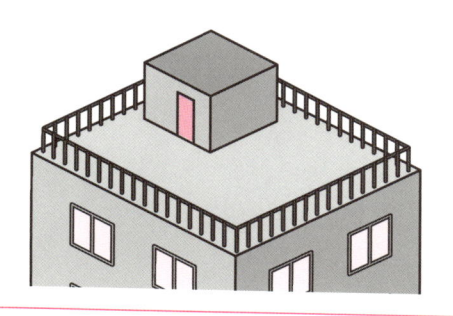

HINT!

日差しが当たる場所なら……？

東邦レオ株式会社の「まちなか菜園」（https://www.machinaka-saien.jp/）は、都市部で手軽に野菜づくりを楽しめる屋上貸し菜園サービスです。

駅近の便利なロケーションで、初心者でも手ぶらで参加可能。ソラドファームなどの各拠点で、季節ごとに様々な野菜を栽培し、都市生活の中で農業体験を提供しています。

デッドスペースの活用は、すでに場所を持っていることもあり、**比較的少額の投資で始められるため、投資対効果が高い**と言えます。

事例以外にも、地域住民向けのヨガ教室やコワーキングスペースなどの運営、フードバンクやフリーマーケットもよいでしょう。

本業のように儲からなくても、地域貢献や環境貢献など、社会貢献度の高いビジネスとして評価されれば、税制優遇措置が適用される場合もあります。

発想のコツ　「一定の時期や期間しか使われていない場所」
「使われているが、収益につながっていない」
　が代表的なデッドスペースです（＝コストを生んでいるだけの場所）。
　そうした場所を見つけたら、こう考えてみましょう。
・**どのような使い方をすれば、収益を生むか？**

> **POINT**
> ## 既存サービス ✕ デッドスペース
> [例] 都内の撮影スタジオ検索「SHOOTEST」（株式会社 Yuinchu）
> 　　 日本全国が映画館「OUTDOOR THEATER」（株式会社ラコル）

インストア

Q

他にも
できることはないか？

　2023年のオフィス賃料は、小幅ながら上昇傾向を維持している。一方、新規の物件は増えており空室率は上昇。

　2024年には新規物件が一服し、空室率は低下、賃料は上昇する見通しだ。

　高騰するオフィス需要に対し、ある薬局は独自の店舗展開で、店舗数の拡大に成功している。どんな方法か？

第5章　場所の視点

HINT!

利用者にとっては生活圏内がありがたい……？

クオール株式会社の「クオール薬局」（https://www.qol-net.co.jp/）は、駅ナカ、駅チカ、街ナカに展開する保険薬局です。

処方箋薬や市販薬、健康食品に関する相談から、食事・栄養接収に関する相談までサポート。

JR西日本と提携し大阪駅に、ビックカメラと提携し店舗内に、ローソンと提携したローソンクオール薬局など**独自の店舗開発を行い、全国に805店舗**を構えています。

駅ナカや街ナカにあることで、顧客は、異なるジャンルの商品やサービスをまとめて購入できる利便性を受けられます。

企業にとっては、ターゲット顧客層の増加による売上増加、衝動買い、初期投資の抑制、撤退の容易さ、新たな顧客層へのアプローチなど、多角的なメリットが期待できます。

発想のコツ　多くのビジネスで、共通して頭を悩ませるのが「集客の問題」です。

無尽蔵に費用をかけられれば問題なしですが、そうもいきません。できるかぎり抑えたいのが本音です。

そこで、発想の切り口として覚えておきたいのが「他力本願」。こう考えてみましょう。

・**他者（他社）が持つ資産やノウハウを活用できないか？**

POINT

既存サービス ✕ インストア

[例] 家電量販店内のストア「Apple Store」
　　本屋のホテル「ランプライトブックスホテル」（ソラーレ ホテルズ アンド リゾーツ株式会社）

宅配

Q

視点を広げると
何が見えるか？

宅配便はネット通販の影響で爆発的に増えている。

全体で見ると、2022 年度の宅配便の取扱個数は 50 億個を超え、前年度比 1.1% 増加、今後も増加見通しだ。

旺盛な宅配需要はまだまだ新しいニーズを探している。

それを取り込もうと、その場に行かないと満喫できないはずのある物を届ける企業がある。何を届けているか？

第5章

場所の視点

日常の疲れを癒やしたい……？

株式会社ヒューマンウェアの「温泉宅配」(https://onsentakuhai.com/) は、源泉 100% の温泉水を自宅に届けるサービス。温泉水は 10 リットルまたは 20 リットルの BOX で提供され、日本全国へ配達してくれます。

デリバリーは、地理的制約を超えた顧客層にアプローチでき、**地域に依存しない売上拡大が可能となります**。特に、都市部だけでなく、地方の顧客にもサービスを提供できることは、ビジネスにおいて有利な要素です。

さらに、サブスクリプションサービスや定期購入のオプションを提供すれば、安定した収益源を確保し、長期的な顧客関係を構築することができます。

発想のコツ 「自分でそこへ行くのは面倒くさい」「できれば持ってきてほしい」。こうしたニーズに応えて、弁当や買い物のデリバリーは一般的になりました。

ここで、気づきたいのがそこまで頻度の高くないもの。最悪なくても我慢できるけど、あるならデリバリーしてほしいものです。そこで、こう考えてみましょう。

・**毎日必要ではないが、あれば嬉しいものは？**
・**自分で出かけたり、購入しにいくのが面倒なものは何？**

POINT

既存サービス ✕ 宅配

[例] お花の宅配「イーフローラ」(株式会社イーフローラ)
家電の出前「Uber Eats × edion」(株式会社エディオン)

直販

Q

何においても選ぶことは大切か？

仕事の合間、勉強の相棒に、ちょっとした空き時間にお菓子を食べるという人は多いだろう。

せっかく食べるなら、美味しいもの、健康にいいものと思うもの。けど、そうしたお菓子は探すのも、選ぶのも大変。

そこで、ある企業が始めたサービスがある。どんなサービスか？

HINT!

健康に良いものを食べたい……？

　株式会社スナックミーの「snaq.me」（https://snaq.me/）は、食べきりサイズのおやつ8種類を定期的に届けるサブスクリプションサービスです。

設立から8年で、累計会員数は15万人を超えています。

　ハッピーな「おやつ体験」をコンセプトに、こだわりの素材を使用したヘルシーなお菓子が特徴で、人工甘味料や合成保存料などは一切使用されていません。

　直販は、顧客と直接関係を築けるため、顧客の反応を製品やサービスの改善に役立てることができます。中間業者を介さないことで、マージンが削減され、利益率が向上します。

　ただ、画一的に商品を届けるのではなく、パーソナライズされたサービスや製品提案が可能になり、サービスの利用が膨らむほど、顧客の満足度を高め、長期的な利益の確保が容易になっていきます。

発想のコツ　「買い物に行って、何かを買い忘れる」。とてもよくあることです。もう一度出かけて、スーパーやコンビニに行くのはどうにも面倒くさい。オンラインであっても同様です。調べてまた注文するのも面倒くさいし、いますぐ手に入るわけではない。

　そこで、こう考えてみましょう。

・**わざわざ買いにいくのが面倒なものって何だろう？**

POINT

既存サービス ✕ 直販

［例］ビジネスウェアのオーダーメイド「FABRIC TOKYO」（株式会社 FABRIC TOKYO）
北欧テイストの商品が買える「北欧、暮らしの道具店」（株式会社クラシコム）

お客さんは待つものか?

かつて、ハレの日の買い物は、百貨店が一般的だった。

ところが、近年は消費者の嗜好が多様化する中で、地方を中心に百貨店の閉店や経営難が相次いでいる。もちろん百貨店のニーズは失われたわけではなく、特に高齢者を中心にその場所へ行くのが大変だから、という理由もある。

そこである百貨店が始めた販売戦略とは?

第5章 場所の視点

阪急百貨店の「走るデパ地下」（https://website.hankyu-dept.co.jp/hashiru_depachika/）は、阪急うめだ本店で人気の和洋菓子を積んだ移動販売車が、様々な街や施設に出店するサービスです。

デパ地下スイーツの買い物を身近に楽しめるようにするもので、ブランドの垣根なく、どれにしようかワクワクしながら選ぶ楽しみを提供しています。

「移動型」の場合、**店舗を持たなくてよいので、比較的低コストで運営が可能です。** 土地代や内装・外装代などの費用がかからず、起業や事業参入のハードルが低くなります。

自由に場所を変えられるのもメリットで、人の流れに合わせて場所を変更できます。運転免許さえ持っていれば1人で店を回すことができ、人件費を抑えることができます。

移動式であれば、訪問頻度を予め設定しておくことで、いわゆる単純接触効果をリアルで狙うことができます。

発想のコツ 　移動販売は、江戸時代に生まれた歴史あるビジネスモデルです。当時は夜泣きそば、飴売り、寿司がメインでした。

オンラインが一般化した中、実店舗は来店を待つよりも、距離をいかに詰めるかが大切です。通信の世界でいう、「ラストワンマイル」を埋めることがカギになります。こう考えてみましょう。

・**ある地域に、この商品を持って行くことで、欲しい人はいるか？**

POINT

既存サービス ╳ 移動

［例］移動するスーパー「とくし丸」（株式会社とくし丸）
　　　移動する本屋「ペンギン文庫」

Q

どうすれば
人が集まるか？

　近年、問題になっている教職員の長時間労働は、社会変化への対応や保護者の期待の高まりなどが背景にある。

　教職員には、多忙感を抱いたり、ストレスを感じる者が少なくなく、精神的、信頼的につらい立場にある人も多い。

　その中で、教育現場の精神的負担や教育への不安を和らげるサービスを始めた企業がある。どんなサービスか？

HINT !

同じ先生だからこそ悩みがわかる……？

株式会社 ARROWS の「SENSEI ノート」（https://senseinote.com/）は、先生同士が情報交換できるオンラインプラットフォームです。

全国の 2 万 5000 人の教職員が利用しています。

同じ境遇や過去に同じような経験をした先生が親身になって回答してくれたり、他の先生が授業のために手作りした資料や、忙しい業務を効率化するための資料が多数共有されています。

プラットフォームは、異なる主体間の取引を円滑化し、新たな価値を生み出す場です。単独では実現できないような、革新的な商品やサービス、思いもよらないビジネスを生み出す原動力となります。

事業者も、ユーザーも新たな収益機会を作れます。事業者はプラットフォーム上で手数料や広告収入を得ることができ、ユーザーは新たな商品やサービスを発見し、価値ある体験を得ることができます。

発想のコツ　マズローの欲求段階説にもある通り、人は根源的に社会的なつながりを求めています。「同じ価値観、考え方を共有したい」「自分の考えや意見、関心を理解して欲しい」といった欲求です。

人が集まる場所はあっても、心理的な欲求を満たしてくれる場所とは限りません。そこで、こう考えましょう。

・**まだ繋がっていない、同じ価値観や考えを持った人がいないか？**

POINT
既存サービス ✕ プラットフォーム

［例］医療の連携ができる「医療情報連携プラットフォーム」（株式会社インテック）
登山情報を交換できる「YAMAP」（株式会社ヤマップ）

脱・都心

Q

絞り込むと
どうなるか？

2019年の総務省の「人口推計結果の要約」によると、多くの地域で人口減少となっている。人口増加率1位の東京都が0.71%なのに対し、最下位の秋田県は−1.48%となった。

この傾向は続くとされ、地方経済の弱体化はますます進行。その中で、あえて全国展開する企業と対抗するような事業で収益を上げる企業がある。どんな企業か？

HINT!

地元企業だからできること……？

株式会社エネチタ（https://www.enechita.co.jp/）は、知多半島を拠点に、リフォーム事業、不動産仲介売買事業、ガス事業、給湯事業（お湯の専門ショップ）、フードサービス事業、産業エネルギー事業、ガソリンスタンド事業を展開する多角化企業です。

全国展開する企業ではなかなかここまでの多角化は難しいですが、**地元密着企業だから、そのブランド力を横展開し、多角化に成功しています**。一事業では収益も限られますが、多角化することで大手企業にも負けない競争力を得られます。

都道府県別に個別の良さを出していくことで、

・各地域や旅行会社などとのコラボレーション
・販売ルートの拡大
・限定品の訴求

の効果が期待できます。また、種類が大幅に増えることで、回遊性や収集欲求に訴求することも。

発想のコツ　自分の住んでいる、いた場所への愛着心。いわゆる郷土愛はほぼすべての人に当てはまります。その商品やサービス自体に（例えば野球）興味はなくても、その都道府県独自のものだとなると、少なからず気になってしまうもの。

そこでこう考えてみましょう。

・**地域に密着することで、競合に勝てるか？**

POINT　　既存サービス ✕ 脱都心

[例] ご当地ランチパック（山崎製パン株式会社）
　　 銚子スポーツタウン（NPO法人銚子スポーツコミュニティ）

価値の視点

物事の重要性や善悪、美しさ、正しさなど
個人や集団がどう考えるか、どう感じるのか、
こうした基準に基づいた考えが、「価値観」です。

その判断基準は、
個人や社会の行動や決定に大きな影響を与えます。

例えば、環境保護に強い価値観を持つ人は、
エコ商品を選ぶことが多いでしょう。

価値観について一つ言えるのは、
価値とは変化するものということ。

ビジネスでは、この価値に敏感に反応し
それを活かすことが欠かせません。
そんな力を身につけるための 32 の視点が、
ここでは登場します。

Q

どうすれば
ニーズを満たせるか？

2023年度の教育産業の市場規模（主要15分野計）は、事業者売上高ベースで前年度比0.5%増の2兆8632億万円の予測だ。子供の勉強、資格取得、スキルアップなど、教育による能力アップのためのニーズは底堅い。

その中で、都心で農業をすることを推進するためにある団体が始めたことがある。どんな取り組みか？

HINT !

都心だからこそ必要なこと……？

　Urban Farming Institute（都市農業）は、ボストンを拠点とする都市農業を開発・推進する非営利団体です（https://www.urbanfarminginstitute.org/）。

　都市農業を実践するために必要な土壌の健康、作物計画、害虫管理、マーケティング戦略などを学ぶことができます。

　教育は、社会貢献度の高い事業です。特に、子供たちの未来を育むことは、大きなやりがいと社会貢献につながります。

　事業としても、景気の影響を受けにくく安定した収益が期待できます。教育という性質上、長期的な顧客関係を築きやすいという特徴も、収益の安定に貢献します。

　近年では、オンライン教育の普及など、新たなビジネスチャンスも生まれています。

発想のコツ　人が持つ欲求の1つに「学習欲求」があります。
「何かを知りたい、知らないままだと不快を感じる」

　近年、ショート動画や本の要約といった「結論ファースト」なものが流行しているのは、できるだけ早くこうした欲求を満たしたいからに他なりません。こう考えてみましょう。

・**今、どんなことを知りたいだろう？**
・**何なら無理なく教えられるか？**

POINT

既存サービス ✕ 教育

[例] 話し方教室「6時間ベーシック SPEECH コース」（株式会社 KEE'S）
走り方を学べる「走りの学校」（KWC 株式会社）

デ ザ イ ン

Q

見え方で
何を演出するか？

　経済産業省によると、デザイナーの人口は 2015 年時点で約 19 万人で、増加を続けている。

　消費傾向がロングテール化する中で、商品に求められるデザインも多様化しているからだろう。

　その中で、長年、顧客から愛されるデザインで人気のブランドがある。どんなデザインか？

第 6 章

価 値 の 視 点

HINT!

長く使い続けるなら……？

iittala（https://www.iittala.jp/）は、モダンでシンプルなデザインが特徴的な世界的なブランドです。そのデザインは時代を超えて普遍的であり、長く愛されています。

デザインだけでなく、高品質な素材と熟練した工芸品で作られ、ガラス製品や陶磁器、ステンレス製品など、さまざまな素材を使用しています。

建築家の隈研吾氏をはじめ、著名人でも多くの人が愛用している商品です。

ターゲット顧客のニーズやインサイトを深く理解し、共感を呼ぶデザインを生み出すことで、**顧客との深い信頼関係を築くことができます。**

単に機能的なだけでなく、ストーリー性や感情に訴えかけるデザインは、顧客の心をつかみ、ブランドへの愛着を高めます。

発想のコツ　人は優れたデザインに価値を感じると同時に、それを選択している自分自身に対して肯定感を高めます（SNS などを通して、○○を買ったとアピールする心理など）。

そこで、こう考えてみましょう。

・**どうすれば、機能に合うメッセージを、デザインに込められるか？**

POINT

既存サービス ✕ デザイン

[例] デザイン家電「±0」（プラマイゼロ株式会社）
　　 レトロなトースター「グラファイトトースター」（日本エー・アイ・シー株式会社）

Q

時間に
縛られていないか？

　芸術的なものや音楽イベントなどに出かけたいというニーズはあったとしても、なかなか時間、場所が合わず行けない人も多い。

　そこで、ある地域では、あえて人が集まりやすい時間帯を狙って大規模なイベントを開いている。それはいつ、どんなイベントか？

HINT!

人は明るさに安心感や興奮を覚える……？

「Vivid Sydney」（https://www.vividsydney.com/）は、オーストラリアのシドニーで開催される南半球最大級の光の祭典です。

5月下旬から6月中旬にかけて開催する光、音楽、アイデア、そして食をテーマにした世界的に有名なフェスティバル。

シドニーの象徴的なランドマークや建物が、プロジェクションマッピングや光のアートで彩られ、音楽イベントやアイデアを共有するためのフォーラムも開催されます。

「夜間」の最大のメリットは、売上向上です。

自社で営業しなくても、夜間のみスペースを貸し出せば、収益を得ることも可能です。

夜間の仕事を希望する学生などをうまく募集できれば、人材の確保も難しくありません。

発想のコツ　夜間での営業は今までも存在していました。繁華街に行けば、ネオンが煌々と光、明け方まで賑やかです。

ですが、そうした街を行き交う人はごく一部。大半の人は日中に働き、夜は早めに自宅でゆっくり過ごし、睡眠を取ります。

そこで、こう考えてみましょう。

・**夕方の仕事が終わってから、このサービスを提供できないか？**

POINT

既存サービス ✕ 夜間

[例] 料理、お酒、音楽を楽しめる「ビルボードライブ」（株式会社阪神コンテンツリンク）
21時まで運行する「とんぼりリバークルーズ」（一本松海運株式会社）

保険

Q

将来をどこまで
想像できるか？

日本の生命保険市場は、約38兆円という巨大な市場規模を誇る。

しかし、生命保険は国内では広く行き渡り、飽和状態になりつつあるとも言われる。

その中で、近年その市場規模が急拡大しているペット市場にも保険商品が増えている。どんな商品か？

第6章

価値の視点

HINT!

人と同じ仕組みを使えないだろうか……？

ペットのための医療保険

　アニコム損害保険株式会社の「ペット保険」（https://www.anicom-sompo.co.jp/）は、ペットのための医療保険です。全国すべての動物病院で利用でき、健康保険と同じで窓口精算が可能な病院もあります。**同社のペット保険の加入者数は 118 万件です。**

　人間と違いペットには保険制度がなかったので、ペットの症状によっては高額な医療費が継続的にかかっていました。それを解消したのが、ペット保険です。

　「保険」は、継続的な保険料収入により、安定的な収益が期待できます。もしもの時の備えなので、顧客との長期的な関係が自然に構築されやすいのもメリットでしょう。

　なお、参入障壁が低い（イニシャルコストが少ない）ため、競合参入による競争激化は避けられない体質も持っています。

発想のコツ　ペットにかかる費用は年間で、犬で約 30 万円、猫で約 17 万円（そのうち医療費は約 4 万円）。抑えることができるなら押さえたいのが本音でしょう。そこで「保険」です。

　ペットに限らず、新たな保険のサービスは次々に生み出されています。こう考えてみましょう。

・**もしもの費用に備えたい人はいないか？**

POINT

既存サービス ✕ 保険

［例］野外活動の捜索・救助に備える「レスキュー費用保険」（ABC 少額短期保険株式会社）
　　　旅行時の雨天に備える「お天気保険」（ジャパン少額短期保険株式会社）

Q

知識を商品に
できないだろうか？

　現在、日本には公的なものから私的企業が提供するものまで含めると、1000以上の資格が存在する。中には「そんなことが資格になるの？」と思われるものもあるが、業界やサービスを細分化していくと、必要とされている。

　たとえば、ある食品の独特の匂いや風味、食感を正しく判定できるか問う資格がある。どんな食品か？

HINT!

洋食では欠かせないもの……？

チーズの知識を証明する「資格」

NPO法人チーズプロフェッショナル協会（https://www.cheese-professional.com/info/qualification_cpa.php）が運営する「チーズプロフェッショナル」は、チーズの基礎的な知識と取扱いに関する習熟度を証明する資格です。

ニッチな需要を狙った資格のように見えますが、2024年度の受験者数は241名。**チーズを取り扱うプロからチーズ愛好家まで、そのニーズをきっちりつかんでいる**といえるでしょう。

資格は、業種業界を問わずたくさん存在します。

一定数の資格取得希望者が見込めれば、安定した収益を見込めます。利用者にとっては、専門分野での信頼性の後付けが得られればビジネスチャンスになるため、料金も高額に設定可能です。

資格の有効期限を設定して更新を必要とすれば、再受講による継続的な収益も見込めます。資格に関連する対面講座やオンラインコースなど多様なオプションを提供でき、アイデア次第です。

発想のコツ　人が仕事をする目的は、「キャリアアップ」「対外的な信頼性の向上」「達成感」といったことです。そこで、こう考えてみましょう。

- **この商品が、どうすれば「キャリアアップ」につながるか？**
- **社会的な信頼があったほうが有利になる仕事は？**

POINT

既存サービス ✕ 資格

［例］キッチン空間アドバイザー「キッチンスペシャリスト」（公益社団法人インテリア産業協会）
化粧品の知識を示す「日本化粧品検定」（一般社団法人日本化粧品検定協会）

Q

新しいものほど
優れているか？

　デジタル化の進展で、次々に新しい物が登場している。目新しいだけでなく、機能性に富む商品は生活を豊かにしてくれるので、社会貢献の質も高い。

　だが、新しいものほど価値があるのだろうか？

　洗練された喫茶店が流行する中、あえてそれとは逆をいく方法で店舗を増やす企業がある。どんな喫茶店か？

HINT！

デジタル⇔アナログ＝昭和……？

「コメダ珈琲店」（https://www.komeda.co.jp/）は、ログハウス調のウッディな内外装、高い天井、おしゃれすぎない雰囲気が特徴で、座り心地の良いソファ、新聞、雑誌が豊富にそろうなど、昭和の純喫茶を彷彿とさせます。

全国に 1000 店舗以上を構える巨大喫茶チェーンです。

デジタル製品が主流となる現代において、昔ながらの製品は、特定のニッチ市場やレトロ志向の顧客層に訴求できます。

例えば、フィルムカメラやアナログ時計などの製品は、特定の愛好家に高い需要があります。アナログ製品は耐久性が高く、長期間にわたって使用できる信頼感もあります。

昔ながらの操作感や触感によって、使用すること自体に満足感がある点も魅力です。歴史的・文化的な価値がある商品も多く、芸術品やコレクターズアイテムとしての側面も持ちます。

発想のコツ　キーワードは「デジタルデトックス」です。スマホやパソコンなどに触れない時間を設けることで、ストレスを軽減したり、心身をリフレッシュしたりする取り組みです。

とはいえ、自宅や仕事場にいてパソコンやスマホに一切触らないというわけにはいきません。そこで、こう考えてみましょう。

・**ノスタルジーを味わう環境を提供できないだろうか？**

POINT

既存サービス ✕ レトロ

[例] 実物で遊ぶ「ボードゲーム」（株式会社クラグラ）
　　 40 年前のレコードプレーヤーが復活「サウンドバーガー」（株式会社オーディオテクニカ）

エシカル

Q

地球のために
何ができるか？

　農林水産省によると令和2年の食品ロスの総量は、約522万トンだった。生産現場だけでなく、工場や家庭、外食産業など、さまざまな場所で、返品、売れ残り、食べ残し、食べ忘れなどを原因に、食品が捨てられている。

　そんな中、ある企業が始めた食品会社の食品ロスを減らす仕組みがある。どんな仕組みか？

HINT!

スマホアプリを使えば……？

　株式会社コークッキングの「TABETE」（https://tabete.me/）は、食品ロスを削減するためのフードシェアリングサービスです。

　まだおいしく安全に食べられるのに売り切るのが難しい食事を出品し、それをユーザーが「レスキュー」することで食品ロスを減らすことを目指しています。

　エシカルな商品・サービスは、**環境や社会に配慮したものであり、そのような企業を積極的に支持する消費者がいます。**

　環境意識や社会的責任を重視する消費者は増加しており、新たな顧客を獲得するチャンスがあります。

　従業員も、自分の働く会社が社会に貢献していることに誇りを感じ、これが仕事の満足度と生産性の向上につながり、優秀な人材の採用と保持にも有利に働きます。

　発想のコツ　「物を大切にしないといけない」「まだ使えるものを捨ててはいけない」「持続可能な社会の実現を」、こうした環境意識や社会的責任を踏まえた考えは、多くの人の間で高まっています。

　一方で、まだ十分に取り組めていない企業も多くあり、経営的な余裕や人材的な余力の問題も散見されます。

　そこで、こう考えてみましょう。

・**エシカルな製品を作ることで、新たな顧客を獲得できるだろうか？**

POINT

既存サービス ✕ エシカル

[例] 紙のカミソリ「紙カミソリ」（貝印株式会社）
　　　リンゴで作ったレザー「アップルレザー」（ラヴィストトーキョー株式会社）

アート

Q

必要なのは機能性か？

　世界のアート関連の市場規模は約10兆円で、シェア1位米国（45%）、2位英国（18%）で、日本はわずか1%だ。

　そう考えると、日本のアート市場はまだまだ伸びる余地があるといえる。

　そこに注目し、ハンカチにある要素を加え、注目されている商品がある。どんな商品か？

HINT!

ギフトとしても使えるように……？

福祉施設のアーティスト作品がプリントされたハンカチ

　株式会社ヘラルボニーの「アートハンカチ」（https://store.heralbony.jp/collections/art-handkerchief）は、国内外の福祉施設に在籍するアーティストによる作品がプリントされたハンカチです。各ハンカチには、ストーリーが込められており、**ギフトとしても人気の商品**です。

　アート的なデザインは、単なるおしゃれの演出ではありません。

　その商品ならではのメッセージを盛り込むことで、他の競合商品から差別化し、独自のブランドイメージを構築する手段となります。

　ただ商品を売るだけでは伝わらない、感情やストーリーの伝達をするためのツールともいえます。

　そしてその延長に、アート的なデザインやパッケージングがもたらす視覚的な魅力があり、それが新しい消費者の注意を引きつけ、購買意欲を刺激します。

発想のコツ　「アートは難しい」と思う人も多いのではないでしょうか。日本では受験勉強が重視されるために、アート的感性の発育は置き去りにされがちです。

　それゆえに、「アート的なもの」にコンプレックスを持つ人は多く、アートに強烈に惹かれる人もいます。そこで、こう考えてみましょう。

・**この商品にアートを加わえるとしたら、何を伝えるか？**

POINT

既存サービス ✕ アート

［例］アートがテーマの漫画「ブルーピリオド」（株式会社講談社）
アートで人材育成プロジェクト「Diversity on the Arts Project」（東京藝術大学）

Q

もっと費用対効果を上げられないか？

国土交通省によると 2023 年の新設住宅着工戸数は前年よりもマイナス 4.6%となった。2040 年まで落ち込む見通しだ。

ただし、都心部では人口増加により根強い住宅需要があり、もっと快適に住みたいというニーズもある。

そんな中で、ある企業が貸し始めたワンルーム住宅が人気になっている。延床面積は変わらないが、変えたところとは？

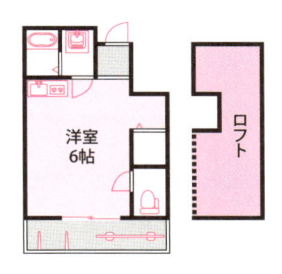

株式会社 SPILYTUS の「QUQURI」（https://spilytus.co.jp/ququri/）は、約9平米の面積で、天井が高く設計されており、ロフトが設置可能なアパートです。

限られたスペースですが、開放感があり、空間を最大限に活用することができます。

通常のワンルームに比べ、家賃を2万〜3万円低く抑えることができる一方、投資家には通常の利回りよりも2〜3%高い収益を提供。

恵比寿や中目黒など、需要が高いエリアに建設されており、**賃貸物件の繁忙期に関わらず、空室が出てもすぐに入居者が決まっています。**

コスパの高い商品とは、質は同等でも、価格がより安い商品です。価格競争力が高いため、多くの顧客に選ばれることになります。類似商品と比べ、安価でその機能を使えるため、顧客からは「価格以上の価値を提供してくれる企業」と信頼されやすくなり、口コミによる新しい顧客も獲得しやすく、リピーターも生まれやすくなります。

発想のコツ　一般的に、住宅は広ければ広いほどいいという価値観が主流です。ただ、広すぎると、さまざまな弊害が出てきます。

これまでと変わらないけど、少しだけ使いやすくなると、喜ばれるのです。そこでこう考えてみましょう。

・**値段はそのままで、使い勝手をよくできないか？**

POINT

既存サービス × コスパ

[例] ボタン1つで本格料理の電気圧力鍋「Re・De Pot」（株式会社 A-Stage）
どこでもマッサージ「リカバリーガン」（株式会社ドリームフ・ファクトリー）

サスティナブル

Q

使い捨ては
自然なことか？

　令和4年度のごみ総排出量は4034万トン（東京ドーム約108杯分）だった。

　生活をしている以上、ごみが出るのは仕方がないこと。だけど、何とか減らす工夫をすることが大切だ。

　ある企業は、使い捨てるものだと思われているストローを、繰り返し使える製品に変えた。どんな商品か？

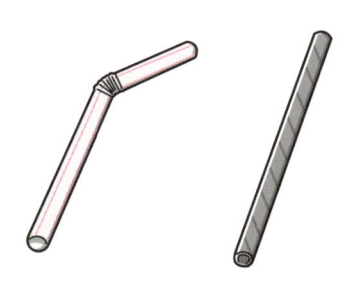

HINT!

繰り返し使える素材といえば……？

第6章
価値の視点

ショット日本株式会社の「ガラス製ストロー」（https://www.schott.com/ja-jp/expertise/applications/glass-straws）は、最大2000回使用可能な使い捨てプラスチックストローの持続可能な代替品です。

ガラスは非多孔質であるため、飲み物の味に影響を与えないほか、食器洗浄機で洗うことができ、ブラシで掃除することもできます。

環境意識が高まる中で、**サスティナブルな製品は消費者からの支持を得やすくなっています。**

例えば、再生可能な材料を使用した製品やエネルギー効率の高い商品は、エコフレンドリーな選択を求める消費者にとって魅力的です。

サスティナブルな商品は、しばしばコスト削減効果もあります。リサイクル素材の利用やエネルギー効率の向上は、長期的に見ると生産コストや運用コストを減らします。

技術革新を促進し、競争優位性を確保するきっかけにもなり得ます。

発想のコツ 環境配慮が広がって、様々な商品の材料が別のものに置き換わるようになりました。特にプラスチック製です。

そこで、こう考えてみましょう。

・**繰り返し使えるものに変えられるだろうか？**

・**繰り返し使えるようにするにはどうすればいいだろうか？**

POINT 既存サービス × サスティナブル

［例］リサイクル・コットン（パタゴニア・インターナショナル・インク）
コーヒー粕でつくった「サスティナブルシューズ」（チル・ジャパン株式会社）

タイパ

Q

時間をかけない方法は ないか？

　セイコー時間白書によると、「タイパを重視する時間があるか」というアンケートに対し、87％が「ある」と答えた。

　具体的には「睡眠」「料理」「掃除」「買い物」が上位に挙がっている。

　そんな風潮を受けて、老舗のインスタント麺が思い切った商品を売り出し、話題になった。どんな商品か？

HINT!

インスタント麺には意外と手順が多いが……？

日清食品株式会社の「0秒チキンラーメン」（https://www.nissin.com/jp/products/items/11309）は、袋からそのまま食べるチキンラーメン。

茹でる、盛り付けるといった手間が一切なく、文字通り0秒ですぐ食べられます。

2022 年 4 月に発売された後、あっという間に完売。そのまま 3 カ月休売した後、7 月にやっと再販になった人気商品です。

「タイパ」は、同一時間内にどれだけ多くのことが処理できるか、つまり時間効率を示す言葉です。短時間で済ませることによって生み出される「可処分時間」の増加が最大の目的で、同じものなら「タイパがいいものが選ばれる」という傾向があります。

従来は別のことにあてていた時間を減らすことで、趣味やリラクゼーションなど個人的な時間に充てたい層がいるのです。

発想のコツ 動画などの場合は、その内容を圧縮したり、切り抜きなどショート化することができますが、事例のようなアナログ商品の場合、別の観点が必要です。

その商品やサービスがもたらす効果にたどり着くまでの「手順」を減らす。この 1 点です。こう考えてみましょう。

・**最終的な価値に影響しない手順は何か？**

POINT

既存サービス ✕ スピード

[例] 顔認証で購入可能な「自販機」（ダイドーグループホールディングス株式会社）
軽量不要な洗剤「アリエールジェルボールプロ」（P&G ジャパン合同会社）

買 取

Q

捨てずに、
活用できないか？

　リユース経済新聞によると、2022年のリユース市場規模は2兆8976億円で、13年連続の拡大だった。

　だが、まだまだリサイクルされていないものは多くある。

　そんな中、買い物の時に発生するあるものを買い取ることで、不要なものを必要なものに変える企業がある。何を買い取っているか？

第 6 章　価 値 の 視 点

HINT !

持ち主にとって重要ではなくても……？

レシートを買い取りするサービス

WED株式会社の「ONE」（https://www.wed.day/one-1billion-receipt/）は、お金がもらえるレシート買取＆お買い物アプリです。

ユーザーがレシートの写真を撮ってアプリにアップロードすると、1円から10円で買い取るという驚きのサービス。

2018年のリリース以来、**累計で10億枚のレシートの買い取り実績**があります。

ユーザーはどんなレシートでもアプリにアップロードすることで、瞬時にお金を得ることができます。

「買取」は需要が確認された商品を買い取るため、売れ残りのリスクを抑えられます。また、即時現金化できるので、資金繰りは安定。

不要品を処分したい顧客と再販市場の新たな購入者を結びつけ、双方向の顧客層を広げることで、顧客も拡大しやすいでしょう。

発想のコツ　ある人にとっては重要ではなくても、別の人にとっては価値あるもの。よくあることです。事例では、多くの企業が喉から手が出るほどほしい「顧客の情報」を買い取っています。

世の中は、案外そうしたもので溢れています。まずは、こう考えてみましょう。

・**顧客から進んで売りたいものは何か？**

POINT

既存サービス ✕ 買取

［例］ブランド眼鏡買取（株式会社ビープライス）
　　　ワイン買取（JOYLAB株式会社）

健康

Q

健康のために
何ができるか？

「体調を崩したが、仕事が忙しくて病院に行く時間がない」
「時間はあるけど、病院が閉まっている」

　こうしたことはよくあることでしょう。

　そこである企業が始めたサービスがあります。病院に行かずにすませることができたらと思うことといえば？

HINT!

誰もが持っているスマホを使えば……？

株式会社メドレーの「CLINICS」（https://clinics-app.com/）は、オンライン診療・服薬指導アプリです。

自宅や職場からネット経由で医師の診察、薬剤師の服薬指導を受けることができ、オンラインで処方された薬は自宅に届きます。

登録医療機関は 3000 カ所以上で、シェア No.1 のオンライン診療アプリです。

「健康」は、老若男女を問わずすべての人が対象になるため、市場規模の大きさは言うまでもありません。

テレビショッピングなどでよく見かける食品やダイエットなどの王道テーマは、継続利用が前提になっているため、安定した売上基盤の構築が期待できます。

健康寿命の延伸は、政府も力を入れているため、事業内容によっては補助金や支援金を受けられることもあります。

発想のコツ　市場が大きく、定番のテーマであるため、競合がいるのが大前提です。そこでオススメしたいのが、先行し、成功しているビジネスのアレンジです。

そのまま模倣はだめですが、一部をアレンジすることで別商品として展開できる可能性が見えてきます。こう考えてみましょう。

・**どこかを変えて、新しい健康用品を作れないだろうか？**

POINT

既存サービス ✕ 健康

［例］電気で温まる「USB アイウォーマー」（エレス株式会社）
　　　糖質を控えた「低糖質とろとろ生ぷりん」（低糖質 cafe&bar 華美）

自然

Q

外にいる気分に
なれないか？

　厚生労働省によると、現在の仕事や生活に、強い不安、悩み、ストレスを感じている人は令和4年は82％（令和3年調査53％）いた。その内容は主に3つで、「仕事の量」「仕事の失敗、責任の発生等」、「仕事の質」となっている。

　ストレス解消には自然がよいとされるが、自宅にいながらキャンプの焚き火を堪能できる商品がある。どんな商品か？

第6章

価値の視点

FOREST FIELD の「FIRE POT」(https://forest-field-trade.com/fire-pot/）は、屋内外で使用できる無煙無臭のコンパクトな焚き火台です。

煙や燃えカス、灰、臭いが出ないバイオエタノールを燃料にしていて、室内でも問題なく使用できるほか、アロマ台やお香台としても使用可能。コンパクトで持ち運びが可能で、準備も片付けも簡単。

一時期に比べ、キャンプに対する盛り上がりは収まりましたが、それでもなお、**自然をベースにしたビジネスは底堅い需要があります。**

事例の場合、キャンプ場の運営に比べ、圧倒的な低コストで参入が可能です。

また、手軽さによって、「キャンプに行くには時間がない」、だが、「ちょっとだけその気分を味わいたい」と考えている層（気分転換をしたい、でもわざわざ出かけたくない）を取り込むことが可能です。

発想のコツ　「キャンプに行きたいけど、費用もかかるし、準備するのがめんどくさい」「もっと手軽にアウトドア気分を味わうことができないだろうか」。こうしたニーズは間違いなく存在しています。

キャンプに限りません。自然を感じるものは、実は身近に溢れています。こう考えてみましょう。

・**自然を象徴するもの、感じられるものは何か？**

POINT

既存サービス ✕ 自然

［例］光学式の家庭用プラネタリウム「HomeStar」（株式会社セガ）
　　　小さなスペースで家庭菜園「UETE」（タキイ種苗株式会社）

先端技術

Q

最先端技術を
皆のものにできないか？

　生成 AI の登場が話題になっている。

　早速、自社のビジネスプロセス、提供するサービス・商品の改善や変革に生成 AI を利用する企業もある。

　そんな中で、AI を使って自宅で専門的な知識がなくても、上手にあるものを栽培できる商品が登場した。何を栽培できるか？

HINT!

AI による自動学習機能があれば……？

プランティオ株式会社の「grow CONNECT」（https://store.grow-agritainment.com/products/preorder-grow-connect）は、自宅で簡単に野菜を育てることができる IoT センサーです。

センサーから取得した栽培データをネットワーク上に蓄積し、AI が自動で学習。これにより、栽培の適切なアドバイスが得られます。

また、195 度の超広角カメラが付いており、Wi-Fi に接続すれば、どこからでも野菜の様子を確認できます。水やりのタイミングや収穫のタイミングなど、栽培の状況に合わせた通知もアプリから届きます。

AI は、**消費者の行動パターンや好みを学習し、個別ニーズに基づいた体験を提供することができます。**製造プロセスや業務プロセスの自動化などにも使えます。チャットボットや仮想アシスタントを AI で実装すれば、迅速な顧客サポートもできます。

顧客は、難しいことを学んだり、細かい確認が不要になります。

発想のコツ　人の行動は、「快・不快」の 2 つで決まります。

不快に感じるものを避けたい、快に感じるものをしたい。

さらには、不快に感じるものを快にしたい。

そこで、こう考えてみましょう。

・**多くの人が苦労する部分は、どこだろう？**

POINT
既存サービス ✕ 先端技術

[例] 二酸化炭素が発生しない「水素コンロ」（株式会社 H2&DX 社会研究所）
スマホに世界の情報を表示される「ほぼ日アースボール」（株式会社ほぼ日）

エンタメ

Q

視野が
狭くなっていないか？

　学校の勉強に欠かせないものといえば、筆記用具だ。

　だが、勉強だからといって、そっけない筆記用具でやる気が出るだろうか。

　筆記用具の見た目に着目し、「それって筆記用具？」と思わせる、面白い商品がある。どんな商品か？

第6章 価値の視点

冷蔵庫に入っているもの……？

株式会社ジオの「わさびいろマーカー」（https://wasabi-marker.geodesign-products.com/）は、見た目はどう見ても食品のチューブ入りわさび。なのに、蛍光ラインマーカーという意外な商品です。ほかに生しょうが（黄）、ねり梅（赤）の合計3色の展開。

同社は他にも、豆腐のような付箋紙「豆腐一丁シリーズ」（販売数15万個）、「のり巻きタオルシリーズ」（9万本）、箸そっくりの「塗り箸ボールペン」、岡持ち型アルミ収納ケース「オカモッティ」など、面白い文具を商品化しています。

ちなみに、**わさびいろマーカーはそれらを上回る人気**だとか。

エンタメ要素が加わることでSNSでの展開が期待できます。

TikTokなどで取り上げられることで、特に学生用など若い世代向けの商品の場合、爆発的な売上も見込めます。

市場においては、追従の難しさもあります。

事例を見てもわかるとおり、二番煎じはまず通用しません。

発想のコツ 蛍光マーカー自体は完全に「枯れた」、成熟しきった商品です。機能、種類自体も出し尽くされている感があります。

このように、商品そのものの何かを変えることで差別化することが難しいときは、こう考えてみましょう。

・**新たな体験を提供できないだろうか？**

POINT

既存サービス ✕ エンタメ

［例］チョコそっくりの「明治ミルクチョコレートパズル」（株式会社ハナヤマ）
食パン座椅子「ぷちパン」（株式会社セルタン）

Q

常識に縛られて
いないか？

　ストレスとは、外部からの刺激によって、身体に生じた反応を意味する。

　複雑化する現代社会、ストレスの原因は至る所にあり、それが原因でイライラを溜め込んでいる人も多い。

　そのイライラを物を壊すことで解消できる場所がある。どんな仕組みか？

第6章　価値の視点

家ではできないが……？

　株式会社株式会社 BrickWall の「REEAST ROOM」（https://reeastroom.com/）は、アメリカ発祥のエンターテイメントスペースで、物を壊したり、自由にどこでも絵が描けるなど、非日常的な経験ができます。

　破壊する物は、廃品回収業者の収集品や再利用不可能な小型家電を活用しています。もちろん破壊した後は、スタッフが分別し、きちんと廃棄しています。

　ストレス解消を目的とした商品やサービスは、顧客の精神的な不満を直接的に改善するため、そこと一致すれば、リピート利用が見込めます。

　ストレス解消商品やサービスは、健康やウェルネスといったポジティブなテーマと関連しており、ソーシャルメディアや報道、口コミにより、無料で広範囲な宣伝も期待できます。

発想のコツ　尽きることのないストレス。その解消には、お酒を飲んだり、他人の悪口を言ったり、ギャンブルにハマったりといったネガティブなものがありますが、できればもっと健全な方法を選びたいものです。

　そこで、こう考えてみましょう。

・**健全にかつ他者に迷惑をかけない方法はないか？**

POINT

既存サービス ✕ ストレス解消

[例] 自宅リビングで森林浴「KITOWA」（株式会社 KITOWA）
　　 思わず笑顔になるロボット「NICOBO」（パナソニック ホールディングス株式会社）

Q

どう時間を
使いたいのか？

余暇時間は、ゆとりのある生活を示す指標でもある。総務省の調査によると、かつてに比べ好きなことに時間を割く人が増えている。

余暇時間をどう取り込めるか、ビジネスチャンスがある。

そんな中、荷物の梱包に欠かせないあるものを、暇つぶしの道具として売り出した企業がある。それは何か？

HINT!

段ボールの中にある、見つけたらついやってしまうもの……？

川上産業株式会社の「プッチンスカット」（https://www.putiputi.co.jp/products/865）は、潰す専用に開発された梱包材のプチプチです。

3分でちょうど潰し終えるサイズに設計されており、ミシン目が入っているため、100平米サイズで切り取りやすくなっています。通常のプチプチよりも大きな音がするため、より爽快感を味わえます。

「暇つぶし」は、他のビジネスカテゴリーと比べ、その**代替性の高さは群を抜いています。**

例えば、飲料。ビールやお茶、コーヒーといったカテゴリーが確立されており、その中で競争します。他には家電なども同様でしょう。

一方、暇つぶしに関するものは、その制約が極めて小さく、後発参入のしやすさがあります。手持ち無沙汰を潰せるものであれば、何でもありなのです。

発想のコツ　人類誕生は400万年前ですが、定住を始めたのは1万年前。人類の脳には忙しかった遊動生活が染み付いているのです。

少しでも忙しくするために、ボディメンテナンスや運動、趣味の時間を求める人が多く、それに合致したサービスが次々に展開されています。そこでこう考えてみましょう。

・**いまあるものを、暇つぶしの道具にできないか？**

POINT
既存サービス ✕ 暇つぶし

［例］手作りビールキット（アドバンストブルーイング株式会社）
　　単純な動きを繰り返す「ハンドスピナー」（株式会社そろはむ）

安 心

Q

もっと安心して
使えないか？

　幼児の遊びの定番といえば、お絵描きだろう。

　ギフトとして、お出かけの際の暇つぶしに、子供に色鉛筆やスケッチブックを買う人も多い。

　注意したいのは、幼児ゆえの誤食・誤飲だ。

　そこである企業が開発した筆記用具がある。

　どんな商品か？

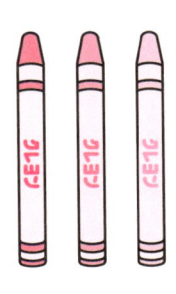

HINT!

素材を安心できるものに……？

mizuiro 株式会社の「おやさいクレヨン」（https://oyasai-crayon. com/）は、米ぬかから採れた米油とライスワックスをベースに、収穫の際に捨てられてしまう野菜の外葉などを原材料にしたクレヨン。**2014 年の発売ですが、すでに 12 万セットが売れています。**

野菜の色を補う顔料には、食品の着色に使われる成分を採用しており、万が一口に入れても安全です。ほうれん草、にんじん、パプリカ、りんご、赤ビーツ、むらさきいも、日本藍、たけすみなど、全 10 色。

「安心」は、人々が普遍的に求める欲求です。特に、健康、安全、セキュリティなど、生活に不可欠な分野で安心感を与える商品は、景気変動の影響を受けにくく、継続的な利用に繋がりやすいのです。

さらに、「安心の製品＝高品質で信頼性の高い商品やサービス」と連想でき、ポジティブなブランドイメージを確立できます。

発想のコツ　ある人が使ったり、何かのときに危険になるものは、身近に実はたくさんあります。常に目を向けていることができれば言う事なしですが、そういうわけにもいきません。

そこで、こう考えてみましょう。

・**実は何かのときに、危険な商品にならないか？**
・**どうすれば安心・安全と保証できるか？**

POINT

既存サービス ✕ 安心

[例] 自転車盗難防止グッズ「AlterLock」（株式会社ネクストスケープ）
　　 汚れを弾く白いデニム「ホワイトデニムパンツ」（ライフスタイルアクセント株式会社）

回避

Q

他の選択肢が
優先されるとしたら？

　釣り人口は、1996年の2040万人をピークに減少し、2023年は約520万人（レジャー白書2023）。

　魚やエサとなる虫など、自然のものを触るのを避ける人も多く釣り離れの原因にもなっている。

　そうした悩みを解消する商品がある。

　どんな商品か？

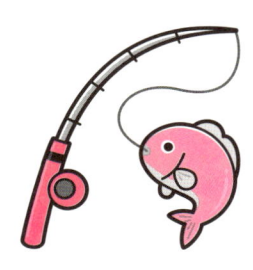

第6章　価値の視点

広松久水産株式会社の「ポケベイト」（https://hirokyu.jp/collections/pokebait）は、100％食品素材で作られたワーム感覚の万能釣りエサです。

エサ独特の臭いやベタつきがなく、手が汚れないのが特徴です。

海も川も湖も、どんな釣りシーンにも対応していて、常温保存が可能。ポケットに入れて持ち運べます。

2023 年 4 月にリニューアルされ、その際の売上は前年比 200％です。

「回避」は、顧客満足度を向上させ、リピートを期待できます。

特に、釣りのような趣味に関することの場合、「釣れる」などの効果がはっきり認識されれば、繰り返し利用する可能性が高くなります。「釣れる」という機能がきちんと担保され、「汚れない」「臭いがない」となれば、他の商品が選ばれることはなくなるでしょう。

発想のコツ 誰しも 1 つや 2 つは「苦手なもの」が存在します。

事例の場合、釣りエサの「虫」は、男性でも苦手な人が多いでしょう。釣りに限らず、こう考えてみましょう。

- **できれば避けたいことって何だろう？**
- **どうすればそれをせずに済むだろう？**

POINT

既存サービス × 回避

［例］パッケージから「ゴキブリ」を無くした「ゴキブリムエンダー」（大日本除虫菊株式会社）
味だけに集中できる「一蘭　味集中カウンター」（株式会社一蘭）

Q

見えない障害に
気づけるか？

毎日、生活していると、ゴミがどんどん出てくる。

ゴミ箱に入れるとき、蓋がなければそのまま入れられるが、生ゴミや食品、衛生グッズなど、臭いを防ぎたいときは蓋付きのゴミ箱が便利だろう。

ただし、蓋を開けるのが、ちょっと面倒。そこである企業が作った、蓋開けの面倒を解消する機能とは？

HINT!

フタを開ける動作が面倒……？

手をかざすだけで自動で開閉するゴミ箱

株式会社さくらドームの「ZitA 電動ゴミ箱」（https://zita.life/spec/）は、ゴミを持って手をかざすだけでフタが自動で開閉する全自動ゴミ箱です。

1万5000円以上するゴミ箱ですが、2018年の発売後、11万台を販売しています。

フタにまったく手が触れないので、衛生的に使用できます。**ただ単にゴミを捨てるだけでなく、使う楽しみを感じられるゴミ箱として注目されています**。

「面倒くさい」という感情は誰もが抱える感情。それを解消したいというニーズは常に存在します。

こうしたニーズを狙った新しい技術やサービスを駆使した、これまでに世の中になかった商品は、新規顧客を獲得できます。競合がいないマーケットであり、家事、育児、仕事など、分野を問わず面倒事を解消する商品を展開できれば、それがそのまま企業の強みとなります。

発想のコツ　「生活の中で、できれば避けたいこと」。ちょっと想像しただけでも、いくつもあります。

そこで、できるだけその作業、行為にまつわる心理的な負担を減らしてあげることがビジネスにつながります。こう考えてみましょう。

・**どうすれば、「この心理的な負担」を減らせるだろうか？**

POINT

既存サービス ✕ 面倒

［例］乗り捨てできる片道レンタカー「片レン」（Pathfinder 株式会社）
　　　ひと掃きでゴミを集めるホウキ「ONE STROKE」（株式会社エンファクトリー）

癒やし

Q

解消したいのは
何か？

　厚生労働省によると、病気やけが等で自覚症状のある人は人口1000人当たり276.5人となっている。

　加齢とともにその割合も大きくなるが、10人に2人は何かしらの不調を抱えている。

　こうした時代だから、その不調を解消するサービスを始めた企業がある。どんなサービスか？

HINT!

身体が浮く状態を再現……？

Daily Yoga Culture Technology Co., Limited の「Daily Yoga」（https://www.dailyyoga.com/#/）は、**全世界で 3000 万人以上が利用するヨガアプリ**。1000 以上のヨガクラスとプログラムで、初心者から上級者までレベルに合わせたクラスが用意されています。

ユーザーのニーズに合わせて、おすすめのクラスやプログラムを提案してくれるほか、ヨガだけでなく、瞑想やマインドフルネスのコンテンツも充実しています。

「癒やし」には、2つのメリットがあります。まず、収益源の多様化。癒やしを提供する方法は、様々です。商品販売、サービス提供、イベント開催など、多角的に展開できます。

もう1つが、社会貢献です。人々の心身の健康を維持し、ストレスを解消するのに貢献できます。

発想のコツ　癒やしを感じる、つまりリラックスするための方法には、「心理的なもの」と「身体的なもの」の2つに大別することができます。音楽を聴く、読書をする、アロマセラピーといった五感経由のものと、散歩や睡眠といった身体経由のものです。

そこで、こう考えてみましょう。

・<u>どうすればもっとリラックスできるだろうか？</u>

POINT

既存サービス ✕ 癒やし

［例］アイソレーションによるスパ「SpaCOCORODO」
　　　フィッシュセラピー「魚集家」（大阪ベイタワー合同会社）

つ な が り

Q

まだ何か
できることはないか？

　神社の後継者不足が深刻な問題となっている。1人の宮司が複数の神社をまとめて兼務している地域もあり、神社本庁の傘下でも今後41％の社がなくなる可能性がある。

　原因の一つは過疎化だ。そこである神社が地域の人を増やそうと始めたことがある。それは何か？

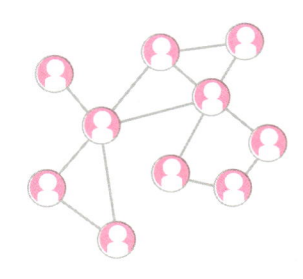

HINT!

その地域で家族を持ちたいなら……？

報徳二宮神社の結婚相談室（https://www.hotoku.co.jp/enmusubi/）は、結婚したい人同士の縁を結ぶ場を提供しています。

相談室には小田原在住の人を中心にメンバーが在籍していて、そのメンバーの一員となり、**活動をする中で、気になる相手と出会える機会があるという仕組み**です。

「つながり」は、誰かとつながりたい、1人でいたくないという思いを持つ人の心をつなげます。

人間はコミュニケーションをし、社会的な組織の中で生きる生き物です。中には、孤独を好む人もいますが、多くの人が求めるのは連帯でしょう。

一度コミュニティに入れば、なかなか抜け出したくないものです。

事例では、結婚相談室を通して地域の活性化に貢献するとともに、神社では神前結婚式・ウェディングも行っているので、最終的に結婚するカップルが誕生すれば、収益を上げられる仕組みです。

発想のコツ　インターネットやIT機器の発達で、いつでも誰とでもつながっている感覚になる瞬間があります。でも、よく考えるとかつてに比べて希薄になっていないでしょうか。

そこで、こう考えてみましょう。

・**リアルで、もっと強いつながりを作れないか？**

POINT

既存サービス ╳ つながり

[例] 街コンのポータルサイト「街コンジャパン」（株式会社リンクバル）
「ベンチャーカフェ東京」（一般社団法人ベンチャー・カフェ東京）

やめる

Q

やめていいことは何か？

　エステティックサロン市場は、2022 年に 3141 億円と試算されています（矢野経済研究所）。3 年連続の減少でした。

　傾向として女性向けエステから、男性向けエステへ需要が高まっているそうだ。

　そんな中、エステサロンからはイメージができない方法で店舗数を増やすお店がある。どのようなお店か？

第6章
価値の視点

スタッフがエステをしてくれないなら……？

じぶん de 株式会社の「じぶん de エステ」（https://jibunde-esute.com/）は、大手エステサロンでも実際に使っている業務用エステマシンを使って、自分で施術を行うエステサロンです。

これまでに、**累計 200 万人以上が利用しています。**

「やめる」ことで、高性能エステマシンで格安で施術ができます。エステマシンを使うために店舗に通ってもいいですし、レンタルや購入も可能と、利便性もとことん高くしています。

店舗も駅前などの大型商業施設の中に構えており、買い物や通勤のついでに寄ることができるのも魅力でしょう。

「やめる」は事例のように価格を抑え、顧客の間口を広げることができます。「セルフ」と組み合わせることで、自分が満足するまで、気になる部分を好きなだけエステできるので、満足度も高まります。

発想のコツ　「あらゆることをサービスしたほうがいい」と思いがちですが、それが正解とは限りません。洋服店で声を掛けられたい顧客もいれば、そうではない顧客がいるように。

ただし何かをやめると顧客に負担を強います。何をどこまでやめるとするかは、慎重に判断すべきです。こう考えてみましょう。

- **今あるサービスのどこを顧客好みに変えられるか？**
- **セルフにすることで、顧客が喜ぶことは何か？**

POINT

既存サービス ✕ やめる

[例] テキスト入力以外の機能を削除「ポメラ」（株式会社キングジム）
　　　必要機能に絞ったジェネリック家電「MAXZEN」（マクスゼン株式会社）

ネーミング

Q

別の何かを
持ってこれないか？

　商品の価値を決めるものは何か？

　同じような商品なのに（物によっては全く同じ）、なぜか売れるものと売れないものがあるとき、その差はネーミングにある場合が多い。

　ある企業は、成熟したマッサージ機器市場で、ユニークなネーミングで商品を投入した。どんな商品か？

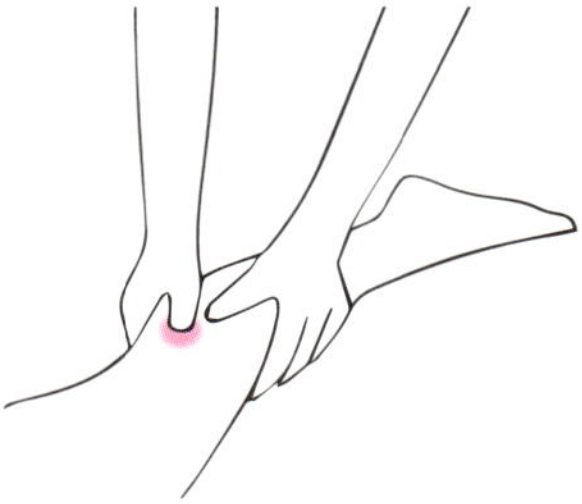

HINT!

マッサージを動物にしてもらうなら……？

株式会社ドウシシャの「ゴリラのひとつかみ」（https://e-doshisha.com/gorilla_hitotsukami/）は、製品名の通り、強力なもみ加減が売りのふくらはぎケア機器です。

その締め付けにハマる人が続出して話題となり、**年1万5000台の出荷目標だったところ、1カ月で10万台**を売り上げました。

「ネーミング」は考え出すのに苦労しますが、破壊的なコピーを思いつけたら、ヒット商品につなげることができます。

事例の場合、「ゴリラのひとつかみ」という、霊長類の中でも特に握力が強いゴリラを連想させるコピーが秀逸です。

ネーミングはアイデア勝負となるので、追加のコストはかからず、商品の魅力をアップさせる方法です。いいネーミングなら、宣伝や口コミ効果だけでなく、記憶に強く刻み込めます。

ただし、ネーミングは独り歩きし、SNSで炎上することもあるので、慎重につける必要があります。

発想のコツ　ネーミングというと奇抜な発想が求められるように感じるかもしれませんが、その商品の特徴をとらえ、それに一番見合った言葉を探すことが最初の一歩です。こう考えてみましょう。

・**この商品を象徴するものは何か？**

POINT　既存サービス ✕ ネーミング

［例］傾斜45度でも枯れる草刈機「アラフォー傾子」（株式会社筑水キャニコム）
　　　かに風味かまぼこ「だいたい毛ガニ」（カネテツデリカフーズ株式会社）

体　験

Q

見逃していることは
何か？

　消費の傾向が、モノ消費からコト消費に移っているという。

　モノを求めるモノ消費に対して、コト消費は体験による価値を求めるもの。代表的なものはテーマパークだ。

　ある企業は訪日外国人を狙って、日本に古くからある職業になりきって体験できる施設を作った。

　どんな職業か？

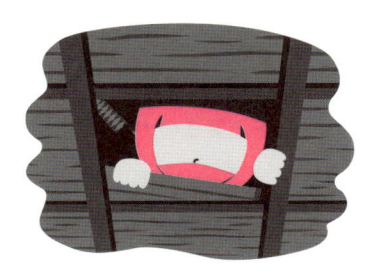

HINT!

時代劇に欠かせない役……？

株式会社レガシーの「手裏剣道場 新宿忍者からくり屋敷」(https://
ninja-trick-house.com/) は、忍者になりきって手裏剣投げや剣術、忍
術などを体験できる施設です。

訪日外国人を中心に来場者数が増加しており、2024 年 7 月に原宿
店と大阪道頓堀店の 2 店舗で、**月間来店客数が過去最高を記録**してい
ます。

「体験」を求める人はモノ消費からコト消費へと、消費の形が変化す
る中で増えています。

これまで商品を製造していた企業でも、その製造過程や商品の利用
を通じて、特別な体験を提供できれば、市場に食い込めます。

良質な体験は、利用者の記憶にポジティブに残り、売上の拡大やリ
ピーターの取り込みも見込めます。

発想のコツ　「物を売ること」がこれまでの主流でした。ですが、その
商品にまつわる部分も価値があるのです。

たとえばビール会社は工場見学を積極的に行っていますが、その体
験が人気です。他にも、お茶の製造者が始めた試飲体験も話題です。

こう考えてみましょう。

・**顧客に公開することで、面白く思ってもらえることはないか？**

POINT

既存サービス ✕ 体験

［例］ストリートカート「アキバカート」
　　　サバイバルゲーム「ブレイブポイント」

自分

Q

妄想の中だから できたことは？

　子供の頃、誰もが読んでいた絵本。

　絵を見ながら、文字を知る構造は、言語を学習するうえで重要な段階だろう。子供の頃に読んだ本は、一生忘れないものにもなる。

　ある企業は、そんな絵本を使って、この世に一つしかない絵本を作るサービスを始めた。どんな内容の絵本か？

HINT!

あの物語の世界に入れるなら……？

えほんインク株式会社屋の「えほんインク」（https://fullorder.ehon-inc.jp/）はアバターを活用して、世界で一つだけの自分が主人公の絵本が製作できるサービスです。

「ももたろう」や「シンデレラ」の主人公を自分で作成したアバターに変更した絵本を作成できます。オリジナルストーリー・オリジナルイラストの絵本を注文でき、オーダーメイドの絵本も作成可能。

自分だけでなく、**子供や贈りたい誰かを主人公にすることもできます。**

「自分」を商品の一部にすることで、顧客はその商品に特別な感情を抱くようになります。もし自分だけの絵本が作れるなら、特別な1冊になります。誰かに贈れば、それは一生の思い出になるでしょう。もらった人は、第二の顧客になる可能性も。

発想のコツ　商品を作るとき、大衆向けに画一的な企画で生産することがほとんどでしょう。ハンドメイドで一点一点作るのとは違い、工場で機械を使って大量生産するときは型にはめる必要があるからです。そこでこう考えてみましょう。

・**自分だけの1点になるなら、高くても欲しい人はいるか？**

セ カ ン ド

Q

持っておきたいのは
一つだけか？

　日本自動車工業会によると、車を所有している世帯のうち、30％以上が複数台を所有しているという。

　地方に行くと、1人に1台ないと暮らしに支障がでる地域もある。問題は、維持費がかかることだろう……。

　そんな中、ある企業は、必要な期間だけ車を持てるサービスを始めた。どんなサービスか？

HINT!

車を買わなくていいなら……？

　ナイル株式会社の「定額カルモくん」は月1万円台から車に乗れる個人向けのリースサービスです。1台目としてだけでなく、2台目として需要を獲得。2018年のサービス開始で、2024年に**申込件数は25万件を突破**しています。

　1台目としての利用はもちろん、子育てや介護など一定期間に車が必要な場合に、2台目として利用ができます。

　カーシェアリングの場合は、車を借りられる場所が限定されますが、リースなら自宅に保管できるので利便性も高くなります。

　「セカンド」は事例のように、2つ目の需要を取り込むビジネスモデルです。事例のほかにも、格安SIMのように2台目のスマホ需要を狙ったり、かつてのノートパソコンのように、デスクトップのサブ機としての立場を狙ったりと、狙える幅はかなり広くなります。

　事業者からすると、既存商品の構造を少し変える、または全く変えなくてもニーズを狙えるため、効率のよい商売ができます。

発想のコツ　「顧客は1つしか買わない」という視点から脱却する必要があります。よく周りを見渡すと、調理器具や筆記用具など、すでに使える物を持っているのに、数を増やしたいものはよくあります。そこでこう考えましょう。

・**2つ目を手に入れたら、どのような使い方をするか？**

POINT

既存サービス × セカンド

[例] 別宅・書斎向けの賃貸物件特集（株式会社エイブル）
　　2台目需要を狙った「セカンド冷蔵庫」

Q

熱烈な顧客は
どこにいる？

2022年、アニメ・アイドルなどの市場規模は4500億円に上るという（矢野経済研究所）。国内だけでなく、海外でも人気のコンテンツとなっており、今後も市場拡大が期待できる。

こうした市場を支えているのが、推し活だ。

そこである企業は、自社のキャラクターをもっと身近で体験できるお店を始めた。どんなお店か？

HINT!

ゆっくり過ごすなら……？

　株式会社サンリオの「ポムポムプリンカフェ」（https://pompompurincafe.com/）は、同社の人気キャラクターであるポムポムプリンを全面にあしらったカフェです。

　土日祝日になると来店客で混み合う人気スポットです。

「推し活」をしたい層を顧客にすることで、既存ファンの取り込みが可能となり、自社だけでは獲得できない顧客を獲得できます。

　事例はキャラクターですが、アイドルグループ、アニメキャラ、中高年の女性に人気の演歌歌手など、年代や性別を問わず幅広い層が推し活に取り組むようになっています。

　推し活の需要を取り込むことで、新規顧客が獲得できることはもちろん、商品イメージも変えることができます。

　顧客にとっても、それまで関心がなかった商品に出会う機会になり、新たな発見ができるでしょう。

発想のコツ　商品そのもので推し活を誘発することはなかなか難しいでしょう。ですが、最近はコラボレーションなどをする敷居が下がっています。自社で推し活をしたい層を取り込むことが難しければ、そうした外部の力を借りるのも手でしょう。

　まずはこう考えてみましょう。

・**固定ファンがいる人たちが、推し活したくなる商品にできるか？**

POINT

既存サービス ✕ 推し活

［例］人気声優の「音声合成サービス」（NTTテクノクロス株式会社）
　　　3Dフィギュア制作サービス（株式会社コーヨーラド）